Französisch Grammatik

... leicht gemacht

Renate Geissler
Dr. Aleth Gaulon

Bisher sind in dieser Reihe erschienen:

- Englisch Grammatik
- English Conversation
- Französisch Grammatik
- Italienisch Grammatik
- Spanisch Grammatik

Baierbrunner Straße 27, 81379 München
Ausgabe 2018

Fachkorrektur: Aurélie Varga
Produktion: Ute Hausleiter
Titelabbildungen: shutterstock.com/Qvasimodo art
Gestaltung: Axel Ganguin
Umschlaggestaltung: red.sign GbR, Stuttgart

ISBN 978-3-8174-1919-7
381741919/1

www.compactverlag.de

Die Reihe „Leicht gemacht" vermittelt einen schnellen und umfassenden Einblick in Sprache und Grammatik. Mit dieser Kombination aus Nachschlagewerk und Übungsbuch kann man grammatische Unklarheiten gezielt beseitigen und das neue Wissen sofort anwenden.

„Französisch Grammatik – leicht gemacht" richtet sich an alle, die ihre Sprachkenntnisse schnell verbessern wollen. Der Band enthält 14 thematisch abgeschlossene Kapitel, in denen alle wichtigen Regeln auf einprägsame Weise vermittelt werden. Zahlreiche treffende Beispiele sorgen für Anschaulichkeit und Klarheit der dargestellten Inhalte.

Am Ende jedes Kapitels findet sich eine Doppelseite mit Übungen, anhand derer sich der gelernte Stoff überprüfen lässt. Ein ausführlicher Lösungsteil gewährleistet eine selbstständige Erfolgskontrolle.

Die zweifarbige Gestaltung sowie die Verdeutlichung wichtiger Sachverhalte durch übersichtliche Tabellen schaffen zusätzliche Übersichtlichkeit. Der rasche Zugriff auf spezielle Sachfragen wird durch ein ausführliches Register der grammatischen Fachbegriffe erleichtert.

Dieser anwenderfreundliche Grammatikband beantwortet sicher und zuverlässig alle Fragen zum Aufbau der französischen Sprache.

Viel Erfolg!

INHALTSVERZEICHNIS

DER ARTIKEL

Der Artikel (das Geschlechtswort) dient u. a. dazu, das grammatikalische Geschlecht eines Substantivs anzuzeigen. Im Französischen gibt es nur zwei Geschlechter: männlich (= maskulin) oder weiblich (= feminin). Man unterscheidet den bestimmten Artikel, den unbestimmten Artikel und den Teilungsartikel, der eine Besonderheit des Französischen darstellt.

Im Französischen muss, mit Ausnahme von bestimmten Redewendungen und einigen genau definierten Fällen, immer ein Artikel stehen. Dies gilt sowohl für den bestimmten als auch für den unbestimmten Artikel.

1. DER BESTIMMTE ARTIKEL

Der bestimmte Artikel lautet in der Einzahl (Singular) männlich *le* (1), weiblich *la* (2), in der Mehrzahl (Plural) *les* (3).

Folgt dem Artikel ein Substantiv, das mit einem Vokal beginnt, so verwandeln sich *le* und *la* in *l'* (4):

	männlich		weiblich	
Einzahl	(1) *le garçon*	**der Junge**	(2) *la femme*	**die Frau**
	(4) *l'art*	**die Kunst**	(4) *l'église*	**die Kirche**
Mehrzahl	(3) *les garçons*	**die Jungen**	(3) *les églises*	**die Kirchen**

Auch vor dem stummen ,h' wird ein Apostroph gesetzt (5):

(5) *l'heure*	**die Stunde**

Bei ,h aspiré' wird kein Apostroph gesetzt (→ S.127) (6):

(6) *le hasard*	**der Zufall**
la haine	**der Hass**
le huitième	**der Achte**
le hall	**die Halle**
le haricot	**die Bohne**
la haie	**die Hecke**

INFOKASTEN

Abweichend vom Deutschen wird im Französischen der bestimmte Artikel bei folgenden Punkten verwendet:

– bei bestimmten Körperteilen	*Il a les cheveux bruns.*	Er hat dunkles Haar.
	Elle a les yeux bleus.	Sie hat blaue Augen.
	J'ai les jambes courtes.	Ich habe kurze Beine.
– bei Ausrufen	*Venez, les enfants!*	Kommt, Kinder!
	Non, l'accès est interdit!	Nein, der Zutritt ist verboten!
	Regarde, le beau bateau!	Schau, das schöne Schiff!
	Attention, le train approche!	Vorsicht, der Zug kommt näher!
– bei Länder-, Provinz- und einigen Inselnamen	*la France*	Frankreich
	la Bourgogne	Burgund
	la Corse	Korsika
– bei Himmelsrichtungen	*vers l'est*	gegen Osten
– bei Wochentagen und Tageszeiten, wenn damit eine Wiederholung ausgedrückt wird	*le lundi*	montags, jeden Montag
	le soir	abends, jeden Abend
– bei verallgemeinernden Angaben über Gattungen, bei abstrakten Begriffen und Stoffen	*Les tigres sont dangereux.*	Tiger sind gefährlich.
	L'appétit vient en mangeant.	Der Appetit kommt beim Essen.
	La science progresse chaque jour.	Die Wissenschaft entwickelt sich jeden Tag weiter.
– bei festen Redewendungen wie	*avoir le temps*	Zeit haben
	arriver le premier	als Erster ankommen
	être la cible	die Zielscheibe sein

INFOKASTEN

Anders als im Deutschen steht im Französischen kein bestimmter Artikel:

– bei Monatsnamen	*Mai est le mois le plus doux ici.*	**Der Mai ist hier der mildeste Monat.**
– bei Wochentagen	*Dimanche est toujours gai et décontracté.*	**Der Sonntag ist immer lustig und entspannt.**
– bei Adressen	*J'habite rue Lacroix.*	**Ich wohne in der Auenstraße.**
– vor *saint*	*saint Jacques*	**der Heilige Jakob**
– vor bestimmten Redewendungen	*être d'avis*	**der Meinung sein**
	tomber par terre	**auf die Erde fallen**
	tomber à genoux	**auf die Knie fallen**
	perdre connaissance	**das Bewusstsein verlieren**
	perdre patience	**die Geduld verlieren**
	u. a.	

BEACHTE:

Das grammatikalische Geschlecht eines Substantivs ist im Französischen und im Deutschen nicht immer gleich (z. B. der Mond – *la lune*). Hier ist es am sinnvollsten, von Anfang an alle Substantive immer sofort zusammen mit dem dazugehörigen Artikel zu lernen.

2. DER UNBESTIMMTE ARTIKEL

Der unbestimmte Artikel lautet männlich *un* (1), weiblich *une* (2). Der unbestimmte Artikel ist im Plural sowohl in der männlichen als auch in der weiblichen Form genau gleich (3). Im Deutschen gibt es keine entsprechende Form.

	männlich		weiblich	
Einzahl	(1) *un tableau*	**ein Bild**	(2) *une table*	**ein Tisch**
Mehrzahl	(3) *des tableaux*	**Bilder**	(3) *des tables*	**Tische**

Des bleibt also unübersetzt. Im Großen und Ganzen wird *un/une* wie der deutsche unbestimmte Artikel gebraucht.

INFOKASTEN

Im Französischen		
– steht der unbestimmte Artikel in folgenden Redewendungen	*d'un ton sévère* *d'une beauté ravissante*	**mit strengem Ton** **von verführerischer Schönheit**
– steht kein unbestimmter Artikel bei Berufs- und Nationalitätsbezeichnungen	*Il est informaticien.* *Elle est américaine.*	**Er ist (ein) Informatiker.** **Sie ist (eine) Amerikanerin.**
Ausnahme: Ist das Subjekt jedoch *ce*, darf ein unbestimmter Artikel stehen.	*C'est un mécanicien.* *C'est une Américaine.*	**Das ist ein Mechaniker.** **Das ist eine Amerikanerin.**

Der unbestimmte Artikel in der Verneinung

In verneinten Sätzen verwandeln sich *un* und *une, du, de la, de l'* und *des* in *pas* (oder *plus, jamais* etc.) zu *de* oder *d'* (1):

(1) *Je n'ai pas de voiture.*	**Ich habe kein Auto.**
Je n'achète plus de sel.	**Ich kaufe kein Salz mehr.**
Il n'a jamais d'argent.	**Er hat nie Geld.**
Je n'ai pas reçu de courriel aujourd'hui.	**Ich habe heute keine E-Mail bekommen.**

AUSNAHME:

Ist das Verb des Satzes *être*, so bleibt auch im verneinten Satz der vollständige Artikel erhalten (2):

(2) *Ce ne sont pas des Allemands.*	**Das sind keine Deutschen.**

3. DER TEILUNGSARTIKEL

Der Teilungsartikel ist eine Besonderheit der französischen Sprache. Er dient dazu, eine unbestimmte Menge eines Stoffes (z. B. Kaffee oder Mehl) oder einen abstrakten Begriff (z. B. Mut) auszudrücken.
Der Teilungsartikel lautet männlich *du* (1) und weiblich *de la* (2). Vor Substantiven, die mit Vokal beginnen lautet er männlich und weiblich *de l'* (3):

Männlich		weiblich	
(1) *du vin*	**Wein**	(2) *de la limonade*	**Limonade**
(1) *du courage*	**Mut**	(2) *de la peine*	**Mühe, Sorge**
(3) *de l'alcool*	**Alkohol**	(3) *de l'eau*	**Wasser**

Bei Stoffbezeichnungen (4) oder Abstrakta (5), die nicht zählbar sind und nur in der Einzahl existieren, steht im Französischen der Teilungsartikel:

(4) *Je voudrais du thé.*	**Ich möchte Tee.**
(5) *Il faut du courage.*	**Man braucht Mut.**

Man setzt den Teilungsartikel aber z. B. auch dann, wenn dem Substantiv ein Adjektiv vorausgeht (6):

(6) *du bon vin*	**guter Wein**
(6) *de la bonne confiture*	**gute Konfitüre**

INFOKASTEN

Es gibt von verschiedenen Stoffen auch Mehrzahlformen. Diese drücken Sorten des betreffenden Stoffes aus (7):

(7) *Goûtez les vins français.*	**Probieren Sie die französischen Weine (Weinsorten).**

Es gibt bei verschiedenen Stoffen auch die Möglichkeit *un* oder *une* zu setzen. Man meint dann eine bestimmte Menge (8):

(8) *Garçon, une bière, s.v.p.*	**Herr Ober, bitte ein Bier.**

Eine bestimmte Menge wird auch mit den Mengenangaben ausgedrückt. Es steht *de* ohne Teilungsartikel (9):

(9) *beaucoup de sucre*	viel Zucker

EBENSO:

peu de	wenig	*assez de*	genug	*trop de*	zu viel
tant de	so viel	*moins de*	weniger	*plus de*	mehr
un kilo de	1 kg	*un litre de*	1 Liter	*un verre de*	1 Glas
sel	Salz	*lait*	Milch	*vin*	Wein

AUSNAHME:

la plupart des Français	die Mehrheit der Franzosen
bien des gens	sehr viele Leute

INFOKASTEN

Kein Teilungsartikel wird gesetzt:

– in festen Redewendungen wie

avoir faim	Hunger haben	*avoir soif*	Durst haben
avoir peur	Angst haben	*avoir honte*	sich schämen
avoir pitié	Mitleid haben	*avoir sommeil*	müde sein
avoir envie	Lust haben	*avoir froid*	frieren
avoir chaud	schwitzen	*avoir besoin*	brauchen
avoir raison	Recht haben	*avoir tort*	Unrecht haben
prendre feu	Feuer fangen	*prendre garde*	sich hüten

– nach den Präpositionen *avec, sans, en, de* und *par*

avec plaisir	gerne	*sans doute*	zweifellos
en bonnes mains	in guten Händen	*par cœur*	auswendig
		de France	aus Frankreich

– bei lebhaften Aufzählungen

Qu'est-ce que je vous offre: café, thé ou chocolat?	Was darf ich ihnen anbieten: Kaffee, Tee oder Kakao?

ÜBUNGEN: DER ARTIKEL

1. Verbinden Sie jedes Substantiv mit dem passenden bestimmten Artikel.

	• écran
	• messages
le •	• facture
la •	• lampe
l' •	• hérisson
les •	• communication
	• commerce
	• histoire

2. Tragen Sie die passenden Artikelwörter ein.

a. ____ appartement de Sébastien se situe dans ____ rue bruyante.
b. Est-ce que ____ Mégane de tes parents est ____ modèle récent?
c. ____ week-end, je surfe sur Internet pendant ____ heures entières.
d. Dans ____ grandes villes, ____ stationnement est ____ problème permanent.
e. ____ bar d'en face ferme à ____ heure tardive.
f. ____ batterie de mon téléphone est vide. As-tu ____ chargeur?
g. Jérome ne sait pas faire ____ cuisine, alors quand il a faim, il commande ____ pizzas.
h. En roulant trop vite, tu risques de provoquer ____ accident.

3. Ergänzen Sie mit les oder des.

a. Les Durant ont ____ enfants. Antoine et Alexandre sont ____ enfants de M. et Mme Durant.
b. J'aime beaucoup ____ films de Luc Besson.
c. Marie a ____ amis qui travaillent dans la mode. Voilà pourquoi elle porte toujours ____tenues très originales.
d. Avant l'effort, il faut manger ____ sucres lents. Tu aimes ____ pâtes?
e. Y a-t-il ____ boîtes de nuit branchées dans ton quartier?
f. Pour améliorer ton niveau rapidement, tu peux prendre ____ cours particuliers.
g. ____ vacances en famille, ce ne sont pas toujours ____ vacances!

4. Beantworten Sie die folgenden Fragen.

Beispiel:
Quelle est la profession de M. Dupont? (chirurgien compétent)
Il est chirurgien. C'est un chirurgien compétent.

a. Quelle est la profession de Paul Bocuse? (cuisinier renommé)
b. Quelle est la profession de Steven Spielberg? (cinéaste talentueux)
c. Quelle est la profession de Zinédine

Zidane? (footballeur exceptionnel)

d. Quelle est la profession de Richard Gere? (acteur célèbre)

5. Ergänzen Sie mit den fehlenden Teilungsartikelwörtern.

a. Le panaché, c'est ____ bière avec ____ limonade.

b. La moresque, c'est ____ pastis avec un peu ____ sirop d'orgeat et beaucoup ____ eau.

c. Garçon, je voudrais plus ____ vinaigrette sur ma salade, s.v.p.

d. Grâce au web, j'ai fait beaucoup ____ achats et j'ai dialogué avec ____ personnes intéressantes.

e. Il faut ____ temps et ____ patience pour arriver à ce résultat.

f. Si tu veux respirer ____ air pur, va à la campagne!

6. Verneinen Sie die folgenden Fragen.

Beispiel:
Vous avez un répondeur?
Non, je n'ai pas de répondeur.

a. Vous avez un téléphone portable?
Non, ____________________

b. Vous avez des enfants?
Non, ____________________

c. Tu as des nouvelles de Chantal?
Non, ____________________

d. Est-ce qu'il a de la famille dans la région?
Non, ____________________

e. Tu as mis du parfum?
Non, ____________________

f. Vous avez le permis de conduire?
Non, ____________________

g. Est-ce qu'il y a un cinéma près de chez toi?
Non, ____________________

h. Tu veux écouter de la musique?
Non, ____________________

i. Est-ce que c'est un danseur professionnel?
Non, ____________________

j. As-tu mis du miel dans la sauce?
Non, ____________________

k. Est-ce que tu as sommeil?
Non, ____________________

7. Übersetzen Sie folgende Sätze ins Französische.

a. Ich habe Lust auf ein Glas guten Wein.

____

b. Pflanzen brauchen Wasser und Licht (la lumière).

____

c. Samstags gehe ich sehr oft mit Freunden aus.

____

d. Sie spricht immer mit zarter und leiser Stimme.

____

e. Ich habe eingebildete (prétentieux) Leute nicht gern.

____

f. Der Zug hatte Verspätung (le retard): Wir haben Glück gehabt!

____

1. Das Geschlecht des Substantivs

Das Französische hat zwei grammatikalische Geschlechter: männlich und weiblich. Bei Personenbezeichnungen entspricht das grammatikalische Geschlecht meistens deren natürlichem Geschlecht: *le garçon* – der Junge; *la femme* – die Frau. Alle anderen Substantive (Hauptwörter) müssen immer zusammen mit ihrem Artikel (Geschlechtswort) gelernt werden. Als Richtlinien zur Bestimmung des Geschlechts gelten:
Männlich sind die Jahreszeiten (*le printemps* – der Frühling), die Monate (*Mai est très doux.* – Der Mai ist sehr mild.) und die Wochentage (*un dimanche triste* – ein trauriger Sonntag). Technische Ausdrücke englischer Abstammung sind ebenfalls männlich (*le software* – die Software).
Weiblich sind fast alle Ländernamen (*la France* – Frankreich).

AUSNAHMEN (u. a.):

le Portugal	Portugal
le Canada	Kanada
les États-Unis	die Vereinigten Staaten

Auch an den Endungen der Substantive läßt sich häufig das Geschlecht bestimmen. Männlich sind Substantive auf:

-age	*le réglage*	die Einstellung
-ail	*le travail*	die Arbeit
-al	*le cheval*	das Pferd
-eau	*le bureau*	das Büro
-ège	*le privilège*	das Vorrecht
-ent	*l'argent*	das Geld
-et	*le filet*	das Netz
-ier	*le fichier*	die Datei
-isme	*le socialisme*	der Sozialismus
-oir	*le tiroir*	die Schublade
-on	*le savon*	die Seife
-ment	*le document*	das Dokument

Weiblich sind Substantive auf:

-ade	*la salade*	der Salat
-ance	*la balance*	die Waage
-aison	*la comparaison*	der Vergleich
-ence	*la diligence*	die Sorgfalt
-elle	*la semelle*	die Sohle
-esse	*la sagesse*	die Klugheit
-ette	*la fourchette*	die Gabel
-ion	*la situation*	die Lage
-ise	*la bêtise*	die Dummheit
-rie	*la boulangerie*	die Bäckerei
-son	*la chanson*	das Lied
-té	*la charité*	die Barmherzigkeit
-tié	*la pitié*	das Mitleid

AUSNAHMEN:

la page	die Seite	*la cage*	der Käfig
la plage	der Strand	*la rage*	die Wut
l'image	das Bild	*la dent*	der Zahn
l'eau	das Wetter	*la peau*	die Haut

INFOKASTEN

Folgende Substantive haben zwei Geschlechter und zwei Bedeutungen:

le garde	der Wächter	*la garde*	die Wache
le livre	das Buch	*la livre*	das Pfund
le manche	der Stiel	*la manche*	der Ärmel
le mode	die Weise	*la mode*	die Mode
le page	der Page	*la page*	die Seite
le poêle	der Ofen	*la poêle*	die Pfanne
le tour	die Fahrt	*la tour*	der Turm
le vapeur	der Dampfer	*la vapeur*	der Dampf
le vase	die Vase	*la vase*	der Schlamm
le voile	der Schleier	*la voile*	das Segel

2. Die Mehrzahlbildung des Substantivs

Man unterscheidet zwischen regelmäßiger und unregelmäßiger Mehrzahlbildung.

Die regelmäßige Mehrzahlbildung

Die Mehrzahl (Plural) wird bei männlichen (1) und weiblichen (2) Substantiven durch Anhängung von *-s* gebildet.

(1) *le jardin*	**der Garten**	*les jardins*	**die Gärten**
(2) *la fleur*	**die Blume**	*les fleurs*	**die Blumen**

Die unregelmäßige Mehrzahlbildung

Bei der unregelmäßigen Mehrzahlbildung ist Folgendes zu beachten:

Substantive, die auf *-s* (3), *-z* (4) oder *-x* (5) enden, erhalten in der Mehrzahl kein zusätzliches *-s* mehr:

(3) *le bras*	**der Arm**	*les bras*	**die Arme**
(4) *le nez*	**die Nase**	*les nez*	**die Nasen**
(5) *la croix*	**das Kreuz**	*les croix*	**die Kreuze**
(5) *le choix*	**die Wahl**	*les choix*	**die Wahlen**

Substantive, die auf *-au* (6), *-eau* (7), *-eu* (8) und *-œu* (9) enden, bilden die Mehrzahl mit *-x*:

(6) *le tuyau*	**der Schlauch**	*les tuyaux*	**die Schläuche**
(7) *le bureau*	**das Büro**	*les bureaux*	**die Büros**
(8) *le jeu*	**das Spiel**	*les jeux*	**die Spiele**
(9) *le vœu*	**der Wunsch**	*les vœux*	**die Wünsche**

AUSNAHME:

le pneu	**der Reifen**	*les pneus*	**die Reifen**

Substantive auf *-al* (10) bilden die Mehrzahl auf *-aux*:

(10) *le tribunal*	**das Tribunal**	*les tribunaux*	**die Tribunale**

AUSNAHMEN:

le bal	der Ball	*les bals*	die Bälle
le carnaval	der Karneval	*les carnavals*	die Karnevale
le festival	das Festival	*les festivals*	die Festivals
le mémorial	das Denkmal	*les mémorials*	die Denkmäler

Substantive auf *-ail* bilden die Mehrzahl
- teils mit *-s* (11):

(11) *le rail*	die Schiene	*les rails*	die Schienen
(11) *le portail*	das Tor	*les portails*	die Tore
(11) *l'éventail*	der Fächer	*les éventails*	die Fächer

- teils mit *-aux* (12):

(12) *le travail*	die Arbeit	*les travaux*	die Arbeiten
(12) *l'émail*	das Emaille	*les émaux*	die Emaillearbeiten
(12) *le corail*	die Koralle	*les coraux*	die Korallen

Substantive auf *-ou* bilden die Mehrzahl
in der Regel mit *-s* (13):

(13) *le clou*	der Nagel	*les clous*	die Nägel
(13) *le cou*	der Hals	*les cous*	die Hälse
(13) *le fou*	der Narr	*les fous*	die Narren
(13) *le trou*	das Loch	*les trous*	die Löcher

Folgende Wörter auf *-ou* bilden die Mehrzahl mit *-x* (14):

(14) *le bijou*	das Juwel	*les bijoux*	die Juwelen
(14) *le chou*	der Kohl	*les choux*	die Kohlköpfe
(14) *le genou*	das Knie	*les genoux*	die Knie
(14) *le caillou*	der Stein	*les cailloux*	der Schotter
(14) *le hibou*	die Eule	*les hiboux*	die Eulen
(14) *le joujou*	das Spielzeug	*les joujoux*	das Spielzeug
(14) *le pou*	die Laus	*les poux*	die Läuse

INFOKASTEN

Folgende Substantive haben eine völlig unregelmäßige Mehrzahlbildung:

l'oeil/les yeux	**das Auge/die Augen**
Monsieur/Madame	**Anrede (Einzahl)**
Messieurs/Mesdames	**Anrede (Mehrzahl)**

Eigennamen erhalten in der Regel kein *-s*:
les Dupont (heute auch *les Duponts* möglich)

Einige Substantive existieren z. B. nur in der Mehrzahl:

les ciseaux	**die Schere**
les lunettes	**die Brille**

Die Mehrzahlbildung bei zusammengesetzten Substantiven mit Bindestrich

Bei zusammengesetzten Hauptwörtern, die aus zwei Substantiven (1), aus zwei Adjektiven (2) oder aus einem Substantiv und einem Adjektiv (3) bestehen, erhalten beide Wortteile eine Mehrzahlendung:

(1) *le chef-lieu*	**die Bezirkshauptstadt**	*les chefs-lieux*	**die Bezirkshauptstädte**
(2) *le dernier-né*	**der Letztgeborene**	*les derniers-nés*	**die Letztgeborenen**
(3) *le grand-père*	**der Großvater**	*les grands-pères*	**die Großväter**

Bei Zusammensetzungen, die aus einem Verb und einem Substantiv (4) bestehen, erhält nur das Substantiv eine Mehrzahlendung:

(4) *l'abat-jour*	**der Lampenschirm**	*les abat-jours*	**die Lampenschirme**

Bei Zusammensetzungen aus zwei Verben oder anderen Wortarten gibt es keine Mehrzahlendung (5):

(5) *le/les laissez-passer*	**der/die Passierschein/e**

3. Die Deklination des Substantivs

Das Substantiv wird im Französischen nicht gebeugt. Die verschiedenen Fälle werden durch ihre Stellung im Satz oder durch eine Präposition gekennzeichnet.

Der Nominativ (= 1. Fall) steht vor dem 4. Fall (= Akkusativ) und 3. Fall (6):

(6) *Philippe écrit une lettre à son amie.*	**Philippe schreibt seiner Freundin einen Brief.**
(6) *Elle envoie un texto à Luc.*	**Sie schickt an Luc eine SMS.**

Der Genitiv (= 2. Fall) entspricht im Französischen einer Konstruktion mit *de*:

de + le	du	(7)
de + la	de la	(8)
de + l'	de l'	(9)
de + les	des	(10)

(7)	*la clé du concierge*	**der Schlüssel des Hausmeisters**
(8)	*la chambre de la cuisinière*	**das Zimmer der Köchin**
(9)	*le bruit de l'orage*	**der Lärm des Gewitters**
(10)	*le vote des députés*	**die Wahl der Abgeordneten**

Der Dativ (= 3. Fall) entspricht im Französischen einer Konstruktion mit *à*:

à + le	au	(11)
à + la	à la	(12)
à + l'	à l'	(13)
à + les	aux	(14)

(11)	*Elle écrit au patron.*	**Sie schreibt dem Chef.**
(12)	*Donne-le à la marchande.*	**Gib es der Händlerin.**
(13)	*Il écrit à l'oncle.*	**Er schreibt dem Onkel.**
(14)	*Paris plaît aux touristes.*	**Paris gefällt den Touristen.**

ÜBUNGEN: DAS SUBSTANTIV

1. Ordnen Sie folgende Substantive nach Geschlecht.

homme, chauffage, lionne, standardiste, disquette, souris, photo, magnétoscope, société, graveur, sonnerie, appel, scanner, été, sèche-linge, rendez-vous, annonce, laboratoire, information, culture, shampooing.

2. Tragen Sie den passenden bestimmten Artikel ein, wenn nötig.

____ France, ____ Japon, ____ Chine, ____ Chili, ____ Cambodge, ____ Pays-Bas, ____ Russie, ____ Vatican, ____Pakistan, ____ Tibet, ____ Monaco, ____ Hongrie, ____ Grèce, ____ Pérou, ____ Tahiti, ____ Bavière, ____ Alpes, ____ Espagne, ____ Madagascar.

3. Ergänzen Sie mit le oder la.

a. Tu devrais lire ____ mode d'emploi avant d'utiliser ce nouveau robot de cuisine.

b. Est-ce que ____ Tour de France s'arrête dans une ville allemande cette année?

c. En voulant cueillir un nénuphar, il est tombé dans ____ vase.

d. ____ voile de la mariée traînait par terre.

e. Tu ne connais pas cette chanson? Elle est pourtant très à ____ mode en ce moment!

f. Louis Blériot survola ____ Manche pour la première fois en 1909.

g. La pâte à crêpes est prête. Quelqu'un a-t-il vu ____ poêle?

4. Setzen Sie in die Pluralform.

a. un cheveu ➔
b. un monsieur ➔
c. le caillou ➔
d. un appareil ➔
e. un gaz ➔
f. le noyau ➔
g. un éventail ➔
h. le riz ➔

5. Setzen Sie in den Singular.

a. des nœuds ➔
b. les journaux ➔
c. les rois ➔
d. des pays ➔
e. les erreurs ➔
f. des euros ➔
g. les paix ➔

6. Setzen Sie folgende Substantive in die Pluralform.

a. un chou-fleur ➔
b. un sourd-muet ➔
c. un tire-bouchon ➔

d. un aide-mémoire ➔
e. un non-lieu ➔
f. une avant-première ➔
g. un aller-retour ➔

7. Finden Sie in jeder Wortreihe den Eindringling. Begründen Sie Ihre Wahl.

a. le chapeau – l'oiseau – l'eau – le bateau.
b. les bras – les tapis – les jus – les opéras.
c. les mœurs – les archives – les honoraires – les jumeaux.

8. Setzen Sie die Wörter/Wortgruppen in die richtige Reihenfolge. Denken Sie an große Buchstaben am Satzanfang!

a. de Florence / ne ... pas / je / la cousine / connais.

____

b. donne / l'entraîneur / aux joueurs / des conseils.

____

c. de la voiture / ? / où / les clés / sont.

____

d. une commande / faxe / au fournisseur / elle.

____

e. offre / des voisins / à la fille / Marc / des fleurs.

____

f. à tout le monde / cet enfant / des histoires / raconte.

____

g. envoie / un SMS / il / à son copain

____

9. Ergänzen Sie mit au, à la, à l' oder aux.

a. Les jeux vidéo plaisent _____grands et _____ petits, et généralement surtout _____ garçons.
b. As-tu tout raconté _____ police?
c. Le Président de la République a présenté ses vœux _____ ensemble de la population.
d. Dans le train, il faut montrer son billet et sa réservation _____ contrôleur ou _____ contrôleuse.
e. Je me suis adressé _____ employé qui a aussitôt téléphoné _____ chef du service concerné.
f. On a demandé _____ presse de garder le silence sur cette affaire.

10. Ergänzen Sie mit du, de la, de l' oder des.

a. Voici le gardien _____ château.
b. Il faut respecter le code _____ route.
c. Le clocher _____ église surplombe le village.
d. Les familles _____ otages sont sous le choc.
e. Depuis l'ouverture _____ centre commercial, le maire _____ ville est très populaire.

DAS ADJEKTIV

Das Adjektiv (Eigenschaftswort) beschreibt eine Eigenschaft eines Substantivs. Es richtet sich in Geschlecht und Zahl immer nach dem Substantiv, zu dem es auch gehört (1):

(1) *Voilà ma jolie robe.*	**Da ist mein hübsches Kleid.**
(1) *Regarde ces jolies lampes.*	**Schau diese hübschen Lampen an.**

Das Adjektiv kann auch vom Substantiv getrennt stehen, meist nach den Verben *être* (sein) oder *sembler/paraître* (erscheinen). Auch in diesem Fall wird es in Geschlecht und Zahl dem Substantiv angeglichen, zu dem es gehört (2):

(2) *Sa maison est belle.*	**Sein Haus ist schön.**
(2) *Elle semble inquiète.*	**Sie scheint beunruhigt zu sein.**

1. Das Geschlecht des Adjektivs

Man unterscheidet zwischen Adjektiven, die eine männliche und weibliche Form besitzen und Adjektiven, deren männliche und weibliche Form identisch sind.

Die Bildung der weiblichen Form

Die weibliche Form der meisten Adjektive wird mit der Endung *-e* gebildet (3):

(3) *joli/jolie* – **hübsch;** *bleu/bleue* – **blau**

Dabei kommt es zu folgenden Veränderungen in Aussprache und Schreibweise: Der letzte Konsonant wird in der weiblichen Form ausgesprochen (4):

(4) *vert/verte* – **grün**
(4) *gris/grise* – **grau**

Die Aussprache der letzten Silbe verändert sich (5).
Die Nasalierung wird aufgehoben:

(5) *fin/fine* – **fein**

Der Endkonsonant verdoppelt sich bei folgenden Endungen:

el	*– elle*	*cruel*	*– cruelle*	grausam
eil	*– eille*	*pareil*	*– pareille*	gleich
en	*– enne*	*moyen*	*– moyenne*	durchschnittlich
on	*– onne*	*mignon*	*– mignonne*	hübsch
s	*– sse*	*gras*	*– grasse*	fett
t	*– tte*	*sot*	*– sotte*	dumm
et	*– ette*	*cadet*	*– cadette*	jünger

AUSNAHMEN:

complet	*– complète*	vollständig
discret	*– discrète*	diskret
inquiet	*– inquiète*	beunruhigt
secret	*– secrète*	geheim

Der Endkonsonant verwandelt sich:

f	*– ve*	*actif*	*– active*	aktiv
x	*– se*	*heureux*	*– heureuse*	glücklich

ABER:

doux/douce – sanft; *faux/fausse* – falsch; *roux/rousse* – rothaarig

Der Endkonsonant verwandelt sich auch bei der Endung *-c*:

c	*– que*	*public*	*– publique*	öffentlich

ABER:

grec/grecque – griechisch; *blanc/blanche* – weiß; *franc/franche* – offen

Auch bei *-teur* und *-eur* kommt es zu Änderungen:

teur	*– trice*	*consolateur*	*– consolatrice*	tröstend

eur	*– euse*	*trompeur*	*– trompeuse*	täuschend

ABER:
Bei Adjektiven, die von lateinischen Steigerungsformen abstammen, wird an *-eur* zur Bildung der weiblichen Form ein *-e* angehängt (6):

(6)	*antérieur*	*– antérieure*	früherer, frühere
	extérieur	*– extérieure*	äußerer, äußere
	majeur	*– majeure*	mündig
	mineur	*– mineure*	minderjährig

Folgende Adjektive haben Sonderformen (7):

(7)	*aigu*	*– aiguë*	spitz
	ambigu	*– ambiguë*	zweideutig
	frais	*– fraîche*	frisch
	malin	*– maligne*	bösartig
	bénin	*– bénigne*	gutartig
	favori	*– favorite*	bevorzugt
	long	*– longue*	lang

Adjektive mit identischer weiblicher und männlicher Form

Es gibt eine Reihe von Adjektiven, bei denen die männliche und die weibliche Form identisch sind. Diese Adjektive enden in der männlichen Form bereits auf *-e*:

jaune	gelb	*triste*	traurig
rouge	rot	*utile*	nützlich
jeune	jung	*digne*	würdig
brave	tapfer	*difficile*	schwierig etc.

Adjektive mit zwei männlichen Formen

Einige Adjektive haben zwei männliche Formen in der Einzahl, wenn sie vor einem männlichen Substantiv stehen, das mit Vokal (1) oder stummen ‚h' (2) beginnt:

(1) *un bel arbre*	ein schöner Baum
(2) *un bel hôtel*	ein schönes Hotel

ABER:

un beau garçon	**(ein schöner Junge)**

EBENSO:

fou/fol – folle **(verrückt)**; *mou/mol – molle* **(weich)**; *nouveau/nouvel – nouvelle* **(neu)**; *vieux/vieil – vieille* **(alt)**

2. Die Mehrzahlbildung des Adjektivs

Die Mehrzahl des Adjektivs wird durch Anhängung der Endung *-s* an die männliche oder weibliche Form gebildet (1):

(1) *un anorak bleu*	*des anoraks bleus*
(1) *une table ronde*	*des tables rondes*
(1) *un disque dur*	*des disques durs*

Endet der männliche Singular auf *-s* (2) oder *-x* (3), so wird bei der Pluralform kein *-s* mehr hinzugefügt. Die weibliche Mehrzahlform erhält dagegen ein *-s* (4):

(2) *des manteaux gris*	**graue Mäntel**
(3) *des vieux vélos*	**alte Fahrräder**
(4) *des jupes grises*	**graue Röcke**

Bezieht sich ein Adjektiv auf mehrere Substantive gleichen Geschlechts, so steht das Adjektiv in der Mehrzahlform dieses Geschlechts (5):

(5) *un camion et un vélo neufs*	**ein neuer Lastwagen und ein neues Fahrrad**

Bezieht ein Adjektiv sich auf mehrere Substantive verschiedenen Geschlechts, so steht das Adjektiv in der männlichen Mehrzahlform (6):

(6) *une voiture et un camion allemands*	**ein deutsches Auto und ein deutscher Lastwagen**

3. Die Stellung des Adjektivs

Die überwiegende Zahl der Adjektive steht nach dem Substantiv, manche Adjektive können jedoch auch vorgestellt werden. Dabei ändert sich jedoch der Aussagewert des Adjektivs.

Wenn das Adjektiv nach dem Substantiv steht, so behält es seine ursprüngliche Bedeutung bei (1):

(1) *un savant célèbre*	**ein berühmter Wissenschaftler**

Steht das Adjektiv vor dem Substantiv, so ist es gefühlsbeladen, dient ironischem Gebrauch oder der Betonung des Substantivs (2):

(2) *le célèbre gangster*	**der „berühmte" Gangster (= berüchtigt)**

INFOKASTEN

Folgende kurze und häufig gebrauchte Adjektive stehen immer vor dem Substantiv:

grand	**groß**	*petit*	**klein**
jeune	**jung**	*vieux*	**alt**
bon	**gut**	*mauvais*	**schlecht**
joli	**hübsch**	*beau*	**schön**
haut	**hoch**	*long*	**lang**

Auch Ordnungszahlen stehen immer vor dem Hauptwort:
La première femme pilote (die erste Pilotin).
Nach dem Substantiv stehen anders als im Deutschen:
– Farben (3) und Formen (4):

(3) *un pantalon noir*	**eine schwarze Hose**
(4) *une table ronde*	**ein runder Tisch**

– Nationalitäten (5), politische (6) oder religiöse (7) Bezeichnungen:

(5) *trois touristes anglais*	**drei englische Touristen**
(6) *le parti socialiste*	**die sozialistische Partei**
(7) *l'église catholique*	**die katholische Kirche**

– körperliche Eigenschaften (8):

(8) *un visage laid*	**ein hässliches Gesicht**

– Adjektive, die aus Partizipien hergeleitet sind (9) und Adjektive, die durch eine Ergänzung erweitert sind (10):

(9) *une femme charmante*	**eine charmante Frau**
(10) *un homme fier de sa famille*	**ein auf seine Familie stolzer Mann**

Folgende Adjektive können vor oder nach dem Substantiv stehen und ändern dabei ihre Bedeutung:

	vor dem Substantiv	nach dem Substantiv
ancien	**ehemalig**	**alt**
brave	**ordentlich**	**tapfer**
cher	**lieb**	**teuer**
nouveau	**neu**	**neuartig**
pauvre	**arm**	**bedürftig**
propre	**eigen**	**sauber**

4. Die Steigerung des Adjektivs

Der Komparativ (= 1. Steigerungsstufe) wird mit *plus* oder *moins* gebildet. Der Superlativ (= 2. Steigerungsstufe) wird im Französischen mit *le/la/les plus* oder *le/la/les moins* gebildet.

Grundform	Komparativ 1. Steigerungsstufe	Superlativ 2. Steigerungsstufe
moderne	*plus moderne*	*le/la/les plus moderne(s)*
modern	**moderner**	**der, die Modernste(n)**
Daneben gibt es im Französischen noch eine Steigerung mit *moins:*		
grand	*moins grand*	*le/la/les moins grand,e(s)*
groß	**weniger groß**	**der, die Kleinste(n)**

Folgende Adjektive haben eine unregelmäßige Steigerung:

bon	gut	*meilleur,e*	besser	*le/la/les meilleur,e(s)*	der, die Beste(n)
mauvais	schlimm	*pire*	schlimmer	*le/la/les pire(s)*	der, die Schlimmste(n)
ABER:					
mauvais	schlecht	*plus mauvais*	schlechter	*le/la/les plus mauvais,e(s)*	der, die Schlechteste(n)
petit	gering	*moindre*	geringer	*le/la/les moindre(s)*	der, die Geringste(n)
ABER:					
petit	klein	*plus petit*	kleiner	*le/la/les plus petit,e(s)*	der, die Kleinste(n)

MERKE:
Haben *petit* und *mauvais* die Bedeutung klein bzw. schlecht werden sie regelmäßig gesteigert.

Die Stellung der Steigerungsformen

Der Superlativ kann vor (1) oder nach (2) dem Substantiv stehen, je nachdem, zu welcher Gruppe das Adjektiv gehört:

(1) *le plus beau souvenir*	das schönste Andenken
(2) *les souvenirs les plus agréables*	die angenehmsten Erinnerungen

Tritt ein besitzanzeigendes Fürwort hinzu, so steht der Superlativ entweder mit dem Fürwort vor (3) oder mit dem bestimmten Artikel nach (4) dem Substantiv:

(3) *Voilà ma plus belle robe.*	Hier ist mein schönstes Kleid.
(4) *C'est son livre le plus moderne.*	Das ist sein modernstes Buch.

Bei *à* (5) oder *de* (6) wird der bestimmte Artikel wiederholt:

(5) *Ce vélo appartient au garçon le plus âgé.*	Dieses Fahrrad gehört dem ältesten Jungen.

(6) *Voilà le livre de l'auteur le plus intéressant.*	**Hier ist das Buch des interessantesten Autors.**

5. Der Vergleich des Adjektivs

Der Vergleich wird gebildet mit:

– *que*	**als**
Paul est plus grand que Louis.	**Paul ist größer als Louis.**
– *aussi ... que*	**genauso ... wie**
Sylvie est aussi charmante que Chantal.	**Sylvie ist genauso charmant wie Chantal.**
– *ne ... pas si (aussi) ... que*	**nicht so ... wie**
Mireille n'est pas si gentille que sa sœur.	**Mireille ist nicht so nett wie ihr Schwester.**
– *moins ... que*	**weniger als ... / nicht so ... wie**
Romain est moins sage que son frère.	**Romain ist nicht so brav wie sein Bruder.**

MERKE:
Im Französischen verwendet man vorzugsweise *moins … que. Ne … pas si … que* kommt in diesem Zusammenhang seltener vor.

ÜBUNGEN: DAS ADJEKTIV

1. Setzen Sie in die weibliche Form.

Beispiel: M. Lafont est grand et mince. Mme Lafont est grande et mince.

a. Le serveur est mignon et souriant. La serveuse ______________

b. Axel est jeune et timide. Julie ____

c. Mon père est blond et frisé. Ma mère ______________

d. Le concierge est paresseux et agressif. La concierge ________

e. L'infirmier est gentil et compétent. L'infirmière ______________

2. Ergänzen Sie wie folgt.

Un étudiant chinois et une étudiante chinoise.

a. Un monsieur seul et __________

b. Un homme actif et __________

c. Un garçon roux et __________

d. Un acteur prometteur et ________

3. Setzen Sie den Text in die männliche Form.

J'ai une fille adolescente, une femme toujours absente, une voisine curieuse, une belle-mère exaspérante, une copine célibataire, une chienne végétarienne et une arrière-grand-mère normande!

J'ai un fils ______________

4. Verbinden Sie jedes Adjektiv mit dem passenden Substantiv.

Confidentiels – international – préoccupantes – bonnes.

a. des déclarations __________

b. de __________ nouvelles.

c. des renseignements __________

d. un organisme __________

5. Setzen Sie folgende Sätze in die Pluralform.

a. Le renard est un animal solitaire. Les renards sont __________

b. Le chou est un légume riche en vitamines. ______________

c. Le zèbre est un cheval sauvage.

____

d. La fée est un personnage imaginaire.

____

6. Tragen Sie die richtige Endung der Adjektive ein.

a. Les produits (cher) ne sont pas toujours de (meilleur) qualité que les autres.

b. Regarder la télévision fait partie des occupations (favori) de nombreux adolescents.

c. Le téléphone (portable) est aujourd'hui l'un des (principal) facteurs d'intégration chez les jeunes.

d. Les (différent) solutions (envisagé) ne sont pas très (convaincant).

e. Le climat (politique) (actuel) n'est pas des plus (sécurisant).

7. Bilden Sie Ausdrücke nach dem Muster:

Garçon (petit), yeux (immenses): un petit garçon avec des yeux immenses

a. monsieur (vieux), barbe (blanche):

____

b. dame (brune), lunettes (noires):

____

c. appartement (beau), terrasse (ensoleillée):

____

d. ordinateur (perfectionné), écran (grand/plat):

____

8. Tragen Sie das Adjektiv an der richtigen Stelle ein.

a. Vous allez être heureux: notre ______ tante ______ Louise fêtera Noël avec nous. (chère)

b. La religion chrétienne autorise à l'homme le mariage avec une ______ femme ______. (seule)

c. Depuis son divorce, cette ______femme ______ est rejetée par tous, même par ses ______ enfants ______. (pauvre/propres)

d. Je regrette mon ______ travail ______, si agréable. (ancien)

9. Ergänzen Sie mit plus oder moins.

L'argent, c'est important, mais la santé, c'est encore plus important.

a. La mer, c'est reposant, mais la montagne, ______________

b. Le vin blanc, c'est bon, mais le champagne, ______________

c. Orléans, ce n'est pas loin de Paris, mais Versailles, ______________

10. Vergleichen Sie und verwenden Sie dabei plus...que, moins...que und aussi...que.

Beachten Sie die Angleichung des Adjektivs!

le métro/le bus (+ rapide): Le métro est plus rapide que le bus.

a. la cigale/la fourmi (– prévoyant)

____

b. le jus de fruits frais/les sodas sucrés (+ bon pour la santé) __________

c. vos fils/leur père (= blond) ______

11. Bilden Sie Sätze mit dem Superlativ.

Beispiel: Gérard Depardieu est un acteur français très connu.

À mon avis, Gérard Depardieu est l'acteur français le plus connu.

a. Cette épreuve n'est pas difficile.

____

b. Ces quartiers de la ville ne sont pas rassurants. ______________

DAS ADVERB

Man unterscheidet Adverbien (Umstandswörter) der Art und Weise (*bien* – gut), der Zeit (*hier* – gestern), des Ortes (*ici* – hier), des Grades (*trop* – zu viel) und der Kommentierung (*naturellement* – natürlich).
Das Adverb dient zur näheren Bestimmung eines Verbs (1), eines Adjektivs (2), eines Adverbs (3) oder zur Kommentierung eines ganzen Satzes (4):

(1) ***Il me regarde curieusement.***	**Er schaut mich neugierig an.**
(2) ***Il est très méchant.***	**Er ist sehr böse.**
(3) ***Tu as très bien travaillé.***	**Du hast sehr gut gearbeitet.**
(4) ***Heureusement, j'avais de l'argent sur moi.***	**Glücklicherweise hatte ich Geld bei mir.**

1. Die Formen des Adverbs

Man unterscheidet ursprüngliche Adverbien, d. h. Adverbien, die nicht von einem Adjektiv abgeleitet sind (*bien* – gut, *vite* – schnell), Adverbien, die von einem Adjektiv abgeleitet sind (*clairement* – deutlich), als Adverb verwendete Adjektive (*payer cher* – teuer bezahlen) und adverbiale Wendungen (*d'un ton sévère* – streng).

Die abgeleiteten Adverbien

Man leitet ein Adverb von einem Adjektiv ab, indem man an die weibliche Form die Endung *-ment* hängt (1):

(1) ***sérieuse***	***– sérieusement***	**ernst**

Bei Adjektiven, die auf *-e* enden, wird die Endung *-ment* an diese Form angehängt (2):

(2) ***facile***	***– facilement***	**leicht**

Bei Adjektiven, die auf betontem Vokal enden, wird das Adverb aus der männlichen Form gebildet (3):

(3) ***vrai***	***– vraiment***	**wirklich**
(3) ***poli***	***– poliment***	**höflich**

Von Partizipien (Mittelwörtern) abgeleitete Adverbien hängen die Endung *-ment* ebenfalls an die männliche Form an (4):

(4) *décidé*	*– décidément*	**entschlossen**
(4) *aveuglé*	*– aveuglément*	**blindlings**

INFOKASTEN

In folgenden Fällen wird der Ausfall des *-e* durch einen so genannten accent circonflexe angezeigt (5):

(5) *dû*	*– dûment*	**gebührend**
(5) *gai*	*– gaîment*	**lustig**

MERKE:
Die meisten Adjektive auf *-ant* und *-ent* bilden das Adverb auf *-amment* (6) bzw. *-emment* (7):

(6) constant	*– constamment*	**beständig**
(7) évident	*– évidemment*	**offensichtlich**

ABER:

présent	*– présentement*	**gegenwärtig**
lent	*– lentement*	**langsam**
véhément	*– véhémentement*	**heftig**

Folgende Adverbien werden unregelmäßig gebildet:

commode	*– commodément*	**bequem**
commun	*– communément*	**gewöhnlich**
énorme	*– énormément*	**äußerst**
exprès	*– expressément*	**ausdrücklich**
obscur	*– obscurément*	**dunkel**
impuni	*– impunément*	**ungestraft**
précis	*– précisément*	**genau**
profond	*– profondément*	**tief**
gentil	*– gentiment*	**nett**

bon	*– bien*	gut
mauvais	*– mal*	schlecht
meilleur	*– mieux*	besser

Als Adverbien verwendete Adjektive

Bei folgenden Redewendungen steht statt eines Adverbs ein Adjektiv:

acheter/vendre cher	teuer kaufen/verkaufen
coûter cher	teuer sein
chanter juste/faux	richtig/falsch singen
voler haut/bas	hoch/tief fliegen
parler haut/bas	laut/leise sprechen
sentir bon/mauvais	gut/schlecht riechen
peser lourd	schwer wiegen
voir clair	klar sehen etc.

Adverbiale Wendungen

Gelegentlich werden Adverbien durch folgende adverbiale Wendungen ersetzt:

d'un air (attentif)	aufmerksam
d'un ton (agressif)	aggressiv
d'une manière (galante)	galant
avec (prudence)	vorsichtig

2. Die Steigerung und der Vergleich des Adverbs

Das Adverb wird – wie das Adjektiv – mit *plus* oder *moins* gesteigert:

Grundform	Komparativ	Superlativ
franchement	*plus franchement*	*le plus franchement*
offen	offener	am offensten
lentement	*moins lentement*	*le moins lentement*
langsam	langsamer	am langsamsten

Folgende Adverbien haben u. a. unregelmäßige Steigerungsformen:

beaucoup **(viel)**	*– plus*	*– le plus*
bien **(gut)**	*– mieux*	*– le mieux*
mal **(schlecht)**	*– plus mal*	*– le plus mal*
mal **(schlimm)**	*– pis/pire*	*– le pis/le pire*

Der Vergleich wird ebenso wie beim Adjektiv mit *aussi ... que* (1) und *ne pas ... aussi ... que* (2) gebildet:

(1) ***Il marche aussi vite que les autres.***	**Er geht ebenso schnell wie die anderen.**
(2) ***Tu ne travailles pas aussi bien que lui.***	**Du arbeitest nicht so gut wie er.**

3. Die Stellung des Adverbs

Das Adverb steht im Satz an einer bestimmten Stelle. Entscheidend ist dabei, ob es sich um ein ursprüngliches oder ein abgeleitetes Adverb handelt. Erstere stehen bei einfachen Zeiten (z. B. présent, imparfait) nach dem Verb (1):

(1) ***Ils parlaient vite.***	**Sie sprachen schnell.**

Sie stehen vor dem Infinitiv (2) und bei den zusammengesetzten Zeiten vor dem Partizip (3):

(2) ***Il voulait bien dormir.***	**Er wollte gut schlafen.**
(3) ***J'ai mal réagi.***	**Ich habe schlecht reagiert.**

Die abgeleiteten Adverbien stehen bei einfachen Zeiten (4) und beim Infinitiv (5) nach dem Verb:

(4) ***Elle me regardait curieusement.***	**Sie schaute mich neugierig an.**
(5) ***Il semblait dormir profondément.***	**Er schien tief zu schlafen.**

ÜBUNGEN: DAS ADVERB

1. Unterstreichen Sie alle Adverbien (oder als Adverbien verwendete Adjektive) des Textes.

Demain, nous partons en vacances. Nous passons toujours le mois d'août au même endroit, dans les Pyrénées. Là-bas, nous louons un tout petit chalet presque perdu dans la montagne et aménagé de façon extrêmement rudimentaire. Volontairement exclus du reste du monde, nous savourons pleinement ce calme et cette sérénité tant attendus, cette vie si proche de la nature et rythmée essentiellement par le soleil: il faut bien dire que nous nous lavons dans la rivière, dans une eau étonnamment pure, que nous nous nourrissons principalement de baies et de champignons trouvés dans la forêt, et qu'après 21 heures, on ne voit quasiment plus clair. Je crois sincèrement que cette solitude nous est devenue vraiment nécessaire pour nous ressourcer, et cela nous coûterait beaucoup de devoir maintenant nous en passer.

2. Legen Sie fest, worauf das Adverb im Fettdruck sich bezieht: auf das Verb, auf das Adjektiv, auf das Adverb oder auf den ganzen Satz.

a. L'alarme se déclenche **automatiquement:** ________________
b. Nous avons travaillé trop **vite** et nous avons fait des erreurs: _____
c. Il a tort, **indiscutablement:** ____
d. C'est une situation **assez** banale: ____________________
e. Nous nous croisons assez **souvent** sur leparking de l'immeuble: ____________________

3. Verwandeln Sie die Adjektive in Adverbien.

Beispiel: chaud ➔ chaudement

a. tranquille ➔
b. tardif ➔
c. gentil ➔
d. courageux ➔
e. fort ➔
f. sec ➔
g. doux ➔
h. fréquent ➔
i. légal ➔
j. joli ➔

4. Ergänzen Sie folgende Sätze nach dem Muster.

Cet enfant est sage. Il joue sagement.

a. Cette machine est rapide. Elle fonctionne ________________.
b. Patrice est grossier. Il parle et se comporte ________________.
c. Elle a une maladie grave. Elle est ______________ malade.
d. Le vent est violent. Il souffle _____.
e. Nous avons eu une peur terrible. Nous avons eu __________ peur.

5. Ersetzen Sie die Adverbien durch adverbiale Wendungen.

Rouler prudemment = rouler avec prudence

a. Parler franchement =
b. Répondre fermement =
c. Sortir discrètement =
d. Consommer modérément =
e. Observer attentivement =
f. Frotter vigoureusement =
g. S'exprimer clairement =

6. Ergänzen Sie mit très oder beaucoup.

a. Marc est ______________ enrhumé et il tousse ______________.
b. La mère de Mario est italienne: elle parle beaucoup et surtout ________ vite, alors je ne la comprends pas.
c. ________ de gens communiquent par e-mails car c'est ______ rapide.
d. Les personnes ________ grandes ont __________ de mal à s'habiller.
e. J'aime _________ cette discothèque, j'y viens _________ souvent.

7. Bilden Sie Sätze und verwenden Sie dabei die Steigerung und den Vergleich des Adverbs wie folgt.

Luc roule vite. Luc roule plus vite que les autres. C'est Luc qui roule le plus vite.

a. Vincent mange beaucoup. ________
b. Mélanie chante faux. ____________
c. Notre produit ne coûte pas cher. ____
d. Ton père parle fort. ____________
e. Ton fils a bien réussi. __________
f. Ce projet est original. __________

8. Bejahen Sie folgende Fragen. Beachten Sie die Stellung des Adverbs.

Beispiel: As-tu aimé ce film? (bien) Oui, j'ai bien aimé ce film.

a. Tu as eu peur? (terriblement) _____
b. Vas-tu aller au match? (certainement) ________________________
c. Est-ce qu'il a plu cette semaine? (beaucoup) __________________
d. Punirez-vous les coupables? (sévèrement) ______________________
e. S'en sortira-t-il? (rapidement) ___________________________
f. Les affaires marchent-elles bien? (merveilleusement) _____________

9. Übersetzen Sie.

a. Die Kinder schlafen. Können Sie leiser sprechen, bitte? ___________________________
b. Es riecht wirklich gut in der Küche. Was kochst du denn? ___________________________
c. Mach bitte so schnell wie möglich, es ist äußerst dringend *(urgent)*. ___________________________
d. Er spricht mich ebenso respektvoll an wie früher. ________________

DIE HILFSVERBEN

Avoir (haben) und *être* (sein) zählen zu den wichtigsten französischen Hilfsverben:

Présent (Gegenwart)		Imparfait (1. Vergangenheit)	
j'ai (ich habe)	*je suis* (ich bin)	*j'avais* (ich hatte)	*j'étais* (ich war)
tu as	*tu es*	*tu avais*	*tu étais*
il a	*il est*	*il avait*	*il était*
nous avons	*nous sommes*	*nous avions*	*nous étions*
vous avez	*vous êtes*	*vous aviez*	*vous étiez*
ils ont	*ils sont*	*ils avaient*	*ils étaient*
Passé composé (2. Vergangenheit)		Plus-que-parfait (3. Vergangenheit)	
j'ai eu	*j'ai été*	*j'avais eu*	*j'avais été*
(ich habe gehabt)	(ich bin gewesen)	(ich hatte gehabt)	(ich war gewesen)
tu as eu	*tu as été*	*tu avais eu*	*tu avais été*
il a eu	*il a été*	*il avait eu*	*il avait été*
nous avons eu	*nous avons été*	*nous avions eu*	*nous avions été*
vous avez eu	*vous avez été*	*vous aviez eu*	*vous aviez été*
ils ont eu	*ils ont été*	*ils avaient eu*	*ils avaient été*
Passé simple		Passé antérieur	
j'eus	*je fus*	*j'eus eu*	*j'eus été*
(ich hatte)	(ich war)	(ich hatte gehabt)	(ich war gewesen)
tu eus	*tu fus*	*tu eus eu*	*tu eus été*
il eut	*il fut*	*il eut eu*	*il eut été*
nous eûmes	*nous fûmes*	*nous eûmes eu*	*nous eûmes été*
vous eûtes	*vous fûtes*	*vous eûtes eu*	*vous eûtes été*
ils eurent	*ils furent*	*ils eurent eu*	*ils eurent été*
Futur I (Zukunft)		Futur II (vollendete Zukunft)	
j'aurai	*je serai*	*j'aurai eu*	*j'aurai été*
(ich werde haben)	(ich werde sein)	(ich werde gehabt haben)	(ich werde gewesen sein)
tu auras	*tu seras*	*tu auras eu*	*tu auras été*
il aura	*il sera*	*il aura eu*	*il aura été*
nous aurons	*nous serons*	*nous aurons eu*	*nous aurons été*
vous aurez	*vous serez*	*vous aurez eu*	*vous aurez été*
ils auront	*ils seront*	*ils auront eu*	*ils auront été*

Conditionnel I		Conditionnel II	
J'aurais	*je serais*	*j'aurais eu*	*j'aurais été*
(ich hätte)	(ich wäre)	(ich hätte gehabt)	(ich wäre gewesen)
tu aurais	*tu serais*	*tu aurais eu*	*tu aurais été*
il aurait	*il serait*	*il aurait eu*	*il aurait été*
nous aurions	*nous serions*	*nous aurions eu*	*nous aurions été*
vous auriez	*vous seriez*	*vous auriez eu*	*vous auriez été*
ils auraient	*ils seraient*	*ils auraient eu*	*ils auraient été*
Subjonctif I (Möglichkeitsform)/ présent (Gegenwart)		Subjonctif II/ imparfait (1. Vergangenheit)	
que j'aie	*que je sois*	*que j'eusse*	*que je fusse*
(dass ich habe)	(dass ich sei)	(dass ich hätte)	(dass ich wäre)
que tu aies	*que tu sois*	*que tu eusses*	*que tu fusses*
qu'il ait	*qu'il soit*	*qu'il eût*	*qu'il fût*
que nous ayons	*que nous soyons*	*que nous eussions*	*que nous fussions*
que vous ayez	*que vous soyez*	*que vous eussiez*	*que vous fussiez*
qu'ils aient	*qu'ils soient*	*qu'ils eussent*	*qu'ils fussent*
Subjonctif passé		Subjonctif plus-que-parfait	
que j'aie eu	*que j'aie été*	*que j'eusse eu*	*que j'eusse été*
(dass ich gehabt habe)	(dass ich gewesen sei)	(dass ich gehabt hätte)	(dass ich gewesen wäre)
que tu aies eu	*que tu aies été*	*que tu eusses eu*	*que tu eusses été*
qu'il ait eu	*qu'il ait été*	*qu'il eût eu*	*qu'il eût été*
etc.	*etc.*	*etc.*	*etc.*
Infinitif (Grundform, Gegenwart)		Infinitif (Vergangenheit)	
avoir (haben)	*être* (sein)	*avoir eu*	*avoir été*
		(gehabt haben)	gewesen sein)
Participe présent (Mittelwort der Gegenwart)		Impératif (Befehl)	
ayant (habend)	*étant* (seiend)	*aie* (habe)	*sois* (sei)
		ayons (haben wir)	*soyons* (seien wir)
		ayez (habt)	*soyez* (seid)
Participe passé (Mittelwort der Vergangenheit)			
ayant eu	*ayant été*		
(gehabt habend)	(gewesen seiend)		

Der Gebrauch von avoir und être

Zur Bildung der zusammengesetzten Zeiten (z. B. passé composé, conditionnel II, futur II etc.) benötigt man die Hilfsverben *avoir* (haben) und *être* (sein). Der überwiegende Teil der französischen Verben bildet die zusammengesetzten Zeiten mit den entsprechenden Formen des Hilfsverbs *avoir*.

Mit *être* werden dagegen gebildet:
– die reflexiven Verben (1):

(1) *Je ne me suis pas ennuyé du tout.*	**Ich habe mich überhaupt nicht gelangweilt.**

– folgende Verben:

aller	**gehen, fahren**	*naître*	**geboren werden**
arriver	**ankommen**	*partir*	**weg-, abfahren**
décéder	**sterben**	*retourner*	**wiederkehren**
demeurer	**bleiben**	*rester*	**bleiben**
		tomber	**fallen**
descendre	**hinabsteigen, aussteigen**	*venir*	**kommen**
entrer	**hineingehen**	*parvenir*	**gelangen**
monter	**hinaufsteigen, einsteigen**	*revenir*	**zurückkommen**
mourir	**sterben**	*devenir*	**werden**
etc.			

Bei diesen Verben wird das participe passé dem Subjekt in Geschlecht und Zahl angeglichen (2):

(2) *Nadine est allée à Nancy.*	**Nadine ist nach Nancy gefahren.**

AUSNAHME:
Einige dieser Verben (*monter, descendre, sortir*) können auch mit *avoir* gebraucht werden. Das participe passé bleibt dann unverändert. Die Verben ändern jedoch ihre Bedeutung:

Mme Duval est descendue chez le concierge.	Frau Duval ist zum Hausmeister hinuntergegangen.	*J'ai descendu les valises.*	Ich habe die Koffer hinuntergebracht.
Hier, je suis sorti avec une belle fille.	Gestern bin ich mit einem hübschen Mädchen ausgegangen.	*Brigitte a sorti la clé de son sac.*	Brigitte hat den Schlüssel aus ihrer Tasche gezogen.

Sämtliche Formen des Passivs werden mit *être* gebildet. Dabei wird das participe passé in Geschlecht und Zahl dem Subjekt angeglichen (1):

(1) *Toute la famille a été invitée.*	Die ganze Familie ist eingeladen worden.

Andere Hilfsverben

Neben *être* und *avoir* gibt es noch andere Verben, die oft im Umgangssprachlichen als Hilfsverben verwendet werden, zum Beispiel:

venir de faire qch. – etw. soeben getan haben
être en train de faire qch. – dabei sein, etw. zu tun
faillir faire qch. – etw. beinahe tun
venir faire qch. – kommen, um etw. zu tun
venir à faire qch. – etw. zufällig tun
être sur le point de faire qch. – daran sein, etw. zu tun
devoir, pouvoir, vouloir faire qch. – etw. tun müssen, können, wollen

Mit der Konstruktion *aller faire qch.* (etw. tun werden) kann man die nahe Zukunft (1) oder eine Absicht (2) ausdrücken:

(1) *Cet été je vais aller à Cannes.*	Diesen Sommer werde ich nach Cannes fahren.
(2) *Je vais vendre cette voiture.*	Dieses Auto werde ich (= beabsichtige ich zu) verkaufen.

ÜBUNGEN: DIE HILFSVERBEN

1. Konjugieren Sie avoir im présent de l'indicatif.

a. Martin et moi ______ beaucoup de points communs.
b. Tout le monde n'________ pas le privilège de pouvoir prendre l'avion gratuitement.
c. Ton frère et toi _______ une demi-heure pour ranger votre chambre, pas une minute de plus!
d. Tu ______ tort de te faire tant de souci pour tes filles: elles ______ quand même dix-neuf ans!
e. Avec ses béquilles, elle ______ bien du mal à marcher aussi vite que les autres.
f. Le dimanche matin, il y ______ toujours un monde fou sur la place du marché.

2. Konjugieren Sie être im présent de l'indicatif.

a. Non, tu n'_____ pas en avance. C'_____ moi qui _____ en retard!
b. Nous ne ______ pas encore complètement habitués à ce nouveau logiciel.
c. Il me semble que vos enfants ne __________ pas particulièrement perturbés par votre divorce.
d. Quel jour ________-nous aujourd'hui, s'il vous plaît?
e. L'un comme l'autre, vous _____ si entêtés que je ne vois aucune issue.
f. Dans ce parc, marcher sur les pelouses _______ interdit.

3. Setzen Sie in den Plural.

Beispiel: Mon cousin est trop timide pour prendre la parole devant toute la classe.
Mes cousins sont trop timides pour prendre la parole devant toute la classe.

a. Tu as de la chance d'avoir des parents si compréhensifs, en es-tu conscient?
Vous ____________________
b. Quand mon frère était petit, il avait peur de rester seul dans l'obscurité.
Quand mon frère et moi ________
c. Étant fille unique, j'ai été surprotégée par mes parents.
____
d. Tu seras toujours le bienvenu chez nous et tu auras toujours une place à notre table.
Eric et toi ________________
e. Quand il fut devant le coffre-fort, il eut un moment d'hésitation.
Quand ils ________________

4. Tragen Sie die passende Form von avoir oder être im présent ein.

a. ____ -tu besoin de quelque chose?

– Non merci, je _____ tout ce qu'il me faut.

b. Quand l'oncle Jules _____ en colère, il devient non pas tout rouge, mais tout blanc.

c. Notre fils _____ né un 25 décembre, alors nous l'avons appelé Noël.

d. Elle ne parle jamais de son enfance ni de sa famille, parce qu'elle _____ honte de ses origines sociales.

e. Pourquoi acheter un si gros bateau quand on _____ le mal de mer?

5. Ergänzen Sie mit être/avoir.

a. Mon mari et moi, nous __________ allés à Rome au mois d'octobre.

b. Nous _______ pris le train de nuit et ainsi, le voyage ________ passé très rapidement.

c. Quand nous________ arrivés, nous _______ pris un taxi qui nous _______ conduits à notre hôtel.

d. Bien entendu, nous ______ savouré la cuisine italienne que nous ______ généreusement arrosée de bon vin.

e. Ce séjour ______ été une réussite totale, nous _______ tellement enchantés que cette année, nous _______ décidé d'aller à Florence!

6. Setzen Sie ins passé composé.

Beispiel: Il passe devant la mairie. Il est passé devant la mairie.

a. Aujourd'hui, je ne suis pas très productif: je monte, démonte et remonte seulement cette armoire.

____

b. Comme elle progresse: elle descend cette piste de ski à toute allure et elle ne tombe pas! _______________

c. Tu passes l'âge de dormir dans le lit de tes parents! _________________

d. Est-ce que ta sœur sort vendredi soir? ___________________________

e. Nous montons dans le train à la dernière minute. ________________

7. Setzen Sie ins passé composé.

Beispiel: Lucie (se baigner) dans une eau à 17°. Lucie s'est baignée dans une eau à 17°.

a. Ce matin, Sandra (se lever) très tôt.

____

b. Elle (se préparer) comme d'habitude, (se diriger) vers la porte et là, elle (se rendre compte) qu'aujourd'hui c'est dimanche. _________________

c. Merci pour cette bonne soirée: nous (s'amuser comme des fous). ______

d. Il (ne pas se souvenir) de son rendez-vous chez le dentiste.______

e. Vous intéressez-vous à l'art contemporain? ____________________

8. Übersetzen Sie.

a. Du siehst doch, dass ich dabei bin, meine Hausaufgaben zu machen.

b. Gratulation! Ihr seid wirklich sehr mutig gewesen!

c. Zu Ostern werden sie sich verloben.

1. Die Verben auf *-er*

Die Mehrzahl der Verben enden im Französischen auf *-er*. Die meisten Verben werden regelmäßig gebildet, wie z. B. *parler* (sprechen):

Présent (Gegenwart)
je parl-e **(ich spreche)**
tu parl-es
il parl-e
nous parl-ons
vous parl-ez
ils parl-ent

Passé composé (2. Vergangenheit)
j'ai parl-é **(ich habe gesprochen)**
ils ont parl-é
(→ S. 38 Konjugation *avoir*)

Passé simple
Je parl-ai **(ich sprach)**
tu parl-as
il parl-a
nous parl-âmes
vous parl-âtes
ils parl-èrent

Futur I (Zukunft)
je parler-ai
(ich werde sprechen)
tu parler-as
il parler-a
nous parler-ons
vous parler-ez
ils parler-ont

Conditionnel I
je parler-ais **(ich würde sprechen)**
tu parler-ais

Imparfait (1. Vergangenheit)
je parl-ais **(ich sprach)**
tu parl-ais
il parl-ait
nous parl-ions
vous parl-iez
ils parl-aient

Plus-que-parfait (3. Vergangenheit)
j'avais parl-é **(ich hatte gesprochen)**
ils avaient parl-é

Passé antérieur
j'eus parlé **(ich hatte gesprochen)**
tu eus parlé
il eut parlé
nous eûmes parlé
vous eûtes parlé
ils eurent parlé

Futur II (vollendete Zukunft)
j'aurai parlé **(ich werde gesprochen haben)**
tu auras parlé
il aura parlé
nous aurons parlé
vous aurez parlé
ils auront parlé

Conditionnel II
j'aurais parlé **(ich hätte gesprochen)**
tu aurais parlé

il parler-ait
nous parler-ions
vous parler-iez
ils parler-aient

Subjonctif I (Möglichkeitsform)/
présent (Gegenwart)

que je parl-e **(dass ich spreche)**
que tu parl-es
qu'il parl-e
que nous parl-ions
que vous parl-iez
qu'ils parl-ent

Subjonctif passé

que j'aie parlé
(dass ich gesprochen habe)
que tu aies parlé
etc.

Infinitif (Grundform, Gegenwart)

parl-er **(sprechen)**

Participe présent
(Mittelwort der Gegenwart)

parl-ant **(sprechend)**

Participe passé
(Mittelwort der Vergangenheit)

ayant parlé **(gesprochen habend)**

il aurait parlé
nous aurions parlé
vous auriez parlé
Ils auraient parlé

Subjonctif II/
imparfait (1. Vergangenheit)

que je parl-asse **(dass ich spräche)**
que tu parl-asses
qu'il parl-ât
que nous parl-assions
que vous parl-assiez
qu'ils parl-assent

Subjonctif plus-que-parfait

que j'eusse parlé
(dass ich gesprochen hätte)
que tu eusses parlé
etc.

Infinitif (Vergangenheit)

avoir parl-é **(gesprochen haben)**

Impératif (Befehlsform)

parl-e **(sprich)**
parl-ons **(sprechen wir)**
parl-ez **(sprecht)**

Bei den Verben auf *-cer* verwandelt sich das *c* vor a und o zu *ç* (1):

(1) *je commence*	**ich fange an**
nous commençons	**wir fangen an**

EBENSO:

annoncer **(ankündigen);** *placer* **(setzen, stellen, legen);** *avancer* **(vorwärts schreiten);** *prononcer* **(aussprechen);** *menacer* **(bedrohen) etc.**

Bei den Verben auf *-ger* verwandelt sich das *g* vor a und o zu *ge* (2):

(2) *je mange/nous mangeons* **ich esse/wir essen**

EBENSO:

diriger **(lenken);** *partager* **(teilen);** *s'engager* **(sich verpflichten) etc.**

Bei den Verben des Typs *nettoyer* (reinigen) verwandelt sich das *y* in der 1. Person, 2. Person, 3. Person Einzahl und in der 3. Person Mehrzahl zu *i* (3):

(3) *je nettoie*	*tu nettoies*	*il nettoie*
nous nettoyons	*vous nettoyez*	*ils nettoient*

EBENSO:

essayer **(versuchen);** *envoyer* **(schicken);** *employer* **(gebrauchen) etc.**

Bei den Verben des Typs *lever* (heben) wird in der 1. Person, 2. Person, 3. Person Einzahl und in der 3. Person Mehrzahl ein accent grave gesetzt (4):

(4) *je lève*	*il lève*
tu lèves	*ils lèvent*

EBENSO:

acheter **(kaufen);** *mener* **(führen);** *achever* **(erreichen);** *geler* **(gefrieren) etc.**

Bei den Verben des Typs *jeter* (werfen) verdoppelt sich der letzte Konsonant des Stammes (= Verb ohne Endung) in der 1. Person, 2. Person, 3. Person Einzahl und in der 3. Person Mehrzahl (5):

(5) *je jette*	*tu jettes*	*il jette*
nous jetons	*vous jetez*	*ils jettent*

EBENSO:

épeler **(buchstabieren);** *appeler* **(nennen);** *feuilleter* **(blättern) etc.**

Bei den Verben des Typs *répéter* (wiederholen) wird in der 1. Person, 2. Person, 3. Person Einzahl und in der 3. Person Mehrzahl ein accent grave gesetzt (6):

(6) *je répète*	*tu répètes*	*il répète*
nous répétons	*vous répétez*	*ils répètent*

EBENSO:

préférer **(vorziehen);** *posséder* **(besitzen);** *espérer* **(hoffen);** *révéler* **(enthüllen) etc.**

2. Die Verben auf *-ir*

Der Typ finir (beenden)

Diese Verben haben in der Mehrzahl des présent (Gegenwart) eine so genannte Stammerweiterung auf *-iss*, die auch im imparfait (1. Vergangenheit) und im participe présent (Mittelwort der Gegenwart) weiterbesteht:

Présent (Gegenwart)	Imparfait (1. Vergangenheit)
je fin-is **(ich beende)**	*je fin-issais* **(ich beendete)**
tu fin-is	*tu fin-issais*
il fin-it	*il fin-issait*
nous fin-issons	*nous fin-issions*
vous fin-issez	*vous fin-issiez*
ils fin-issent	*ils fin-issaient*
Passé composé (2. Vergangenheit)	Plus-que-parfait (3. Vergangenheit)
j'ai fin-i **(ich habe beendet)**	*j'avais fini* **(ich hatte beendet)**
etc.	*etc.*
(→ S. 44 Verben auf *-er*)	(→ S. 38 *avoir*)
Passé simple	Passé antérieur
je fin-is **(ich beendete)**	*j'eus fini* **(ich hatte beendet)**
tu fin-is	*tu eus fini*
il fin-it	*il eut fini*
nous fin-îmes	*nous eûmes fini*
vous fin-îtes	*vous eûtes fini*
ils fin-irent	*ils eurent fini*

Futur I (Zukunft)
je finir-ai
(ich werde beenden)
tu finir-as
il finir-a
nous finir-ons
vous finir-ez
ils finir-ont

Conditionnel I
je finir-ais
(ich würde beenden)
tu finir-ais
il finir-ait
nous finir-ions
vous finir-iez
ils finir-aient

Subjonctif I (Möglichkeitsform)
que je fin-isse
(dass ich beende)
que tu fin-isses
qu'il fin-isse
que nous fin-issions
que vous fin-issiez
qu'ils fin-issent

Subjonctif passé
que j'aie fini
(dass ich beendet habe)
etc.
(→ S. 44 Verben auf *-er*)

Infinitif (Grundform, Gegenwart)
fin-ir **(beenden)**

Participe présent
fin-issant **(beendend)**

Participe passé
ayant fini **(beendet habend)**

Futur II (vollendete Zukunft)
j'aurai fini
(ich werde beendet haben)
tu auras fini
il aura fini
nous aurons fini
vous aurez fini
ils auront fini

Conditionnel II
j'aurais fini
(ich würde beendet haben)
tu aurais fini
il aurait fini
nous aurions fini
vous auriez fini
ils auraient fini

Subjonctif II
que je fin-isse
(dass ich beendete)
que tu fin-isses
qu'il fin-ît
que nous fin-issions
que vous fin-issiez
qu'ils fin-issent

Subjonctif plus-que-parfait
que j'eusse fini
(dass ich beendet hätte)
etc.
(→ S. 44 Verben auf *-er*)

Infinitif (Vergangenheit)
avoir fini **(beendet haben)**

Impératif (Befehlsform)
fin-is **(beende)**
fin-issons **(beenden wir)**
fin-issez **(beendet)**

Der Typ dormir (schlafen)

Diese Verben verlieren ihren Konsonanten vor *-ir* im Singular und haben keine Stammerweiterung.

Présent	
je dor-s (ich schlafe)	*nous dorm-ons*
tu dor-s	*vous dorm-ez*
il dor-t	*ils dorm-ent*
Imparfait	*je dorm-ais etc.*
Passé composé	*j'ai dorm-i etc.*
Plus-que-parfait	*j'avais dormi etc.*
Passé simple	*je dormis etc.*
Passé antérieur	*j'eus dormi etc.*
Futur I	*je dormir-ai etc.*
Futur II	*j'aurai dormi etc.*
Conditionnel I	*je dormir-ais etc.*
Conditionnel II	*j'aurais dormi etc.*
Subjonctif I	*que je dorm-e etc.*
Subjonctif II	*que je dorm-isse etc.*
Subjonctif passé	*que j'aie dormi etc.*
Subjonctif plus-que-parfait	*que j'eusse dormi etc.*
Participe présent	*dorm-ant*
Participe passé	*ayant dormi*
Impératif	*dors, dormons, dormez*

EBENSO:

partir (abfahren)	*je pars*	*– nous partons*
mentir (lügen)	*je mens*	*– nous mentons*
sentir (fühlen)	*je sens*	*– nous sentons etc.*

Der Typ ouvrir (öffnen)

Diese Gruppe bildet das présent wie die Verben auf *-er*.

j'ouvr-e (ich öffne)	*nous ouvr-ons*
tu ouvr-es	*vous ouvr-ez*
il ouvr-e	*ils ouvr-ent*

Imparfait	*j'ouvr-ais etc.*
Passé composé	*j'ai ouvert etc.*
Plus-que-parfait	*j'avais ouvert etc.*
Passé simple	*j'ouvr-is etc.*
Passé antérieur	*j'eus ouvert etc.*
Futur I	*j'ouvrir-ai etc.*
Futur II	*j'aurai ouvert etc.*
Conditionnel I	*j'ouvrir-ais etc.*
Conditionnel II	*j'aurais ouvert etc.*
Subjonctif I	*que j'ouvr-e etc.*
Subjonctif II	*que j'ouvr-isse etc.*
Subjonctif passé	*que j'aie ouvert etc.*
Subjonctif plus-que-parfait	*que j'eusse ouvert etc.*
Participe présent	*ouvr-ant*
Participe passé	*ayant ouvert*
Impératif	*ouvre, ouvrons, ouvrez*

EBENSO:

couvrir **(bedecken);** *offrir* **(anbieten);** *découvrir* **(entdecken) etc.**

3. Die Verben auf *-re*

Zu dieser Gruppe gehören u. a. auch eine große Zahl unregelmäßiger Verben. Die Konjugation eines regelmäßigen Verbes hier am Beispiel *rompre* (brechen):

Présent (Gegenwart)	Imparfait (1. Vergangenheit)
je romp-s **(ich breche)**	*je romp-ais* **(ich brach)**
tu romp-s	*tu romp-ais*
il romp-t	*il romp-ait*
nous romp-ons	*nous romp-ions*
vous romp-ez	*vous romp-iez*
ils romp-ent	*ils romp-aient*
Passé composé (2. Vergangenheit)	Plus-que-parfait (3. Vergangenheit)
j'ai romp-u **(ich habe gebrochen)**	*j'avais romp-u* **(ich hatte gebrochen)**
(→ S. 44 Verben auf *-er*)	(→ S. 44 Verben auf *-er*)

Passé simple	Passé antérieur
je romp-is **(ich brach)**	*j'eus rompu* **(ich hatte gebrochen)**
tu romp-is	*tu eus rompu*
il romp-it	*il eut rompu*
nous romp-îmes	*nous eûmes rompu*
vous romp-îtes	*vous eûtes rompu*
ils romp-irent	*ils eurent rompu*
Futur I (Zukunft)	Futur II (vollendete Zukunft)
je rompr-ai	*j'aurai rompu*
(ich werde brechen)	**(ich werde gebrochen haben)**
(→ S. 44 Verben auf *-er*)	(→ S. 44 Verben auf *-er*)
Conditionnel I	Conditionnel II
je rompr-ais **(ich würde brechen) etc.**	*j'aurais rompu* **(ich hätte gebrochen) etc.**
Subjonctif I (Möglichkeitsform)	Subjonctif II
que je romp-e **(dass ich breche)**	*que je romp-isse* **(dass ich bräche)**
que tu romp-es	*que tu romp-isses*
qu'il romp-e	*qu'il romp-ît*
que nous romp-ions	*que nous romp-issions*
que vous romp-iez	*que vous romp-issiez*
qu'ils romp-ent	*qu'ils romp-issent*
Subjonctif passé	Subjonctif plus-que-parfait
que j'aie rompu	*que j'eusse rompu*
(dass ich gebrochen habe) etc.	**(dass ich gebrochen hätte) etc.**
Infinitif (Grundform, Gegenwart)	Infinitif (Vergangenheit)
rompre **(brechen)**	*avoir rompu* **(gebrochen haben)**
Participe présent	Impératif (Befehlsform)
(Mittelwort der Gegenwart)	*romp-s* **(brich)**
romp-ant **(brechend)**	*romp-ons* **(brechen wir)**
Participe passé	*romp-ez* **(brecht)**
ayant rompu **(gebrochen habend)**	

Verben, die auf *-dre* enden, bilden die 3. Person Einzahl auf *-d* (1):

(1) *rendre: il rend*	**er gibt zurück**
(1) *descendre: il descend*	**er steigt hinab**

Beim Typ *peindre* (malen) treten im Präsens folgende Besonderheiten auf:

Présent	
je peins **(ich male)**	*nous peignons*
tu peins	*vous peignez*
il peint	*ils peignent*
Imparfait	*je peign-ais etc.*
Passé composé	*j'ai peint etc.*
Plus-que-parfait	*j'avais peint etc.*
Passé simple	*je peign-is etc.*
Passé antérieur	*j'eus peint etc.*
Futur I	*je peindr-ai etc.*
Futur II	*j'aurai peint etc.*
Conditionnel I	*je peindr-ais etc.*
Conditionnel II	*j'aurais peint etc.*
Subjonctif I	*que je peign-e etc.*
Subjonctif II	*que je peign-isse etc.*
Impératif	*peins, peignons, peignez*
Participe présent	*peign-ant*
Participe passé	*ayant peint*

EBENSO:

atteindre **(erreichen);** *joindre* **(verbinden);** *feindre* **(vorgeben);** *craindre* **(fürchten);** *teindre* **(färben);** *plaindre* **(beklagen);** *geindre* **(ächzen) etc.**

4. Die Verben auf *-oir*

Présent (Gegenwart)	Imparfait (1. Vergangenheit)
je reçois **(ich erhalte)**	*je recev-ais* **(ich erhielt)**
tu reçois	*tu recev-ais*
il reçoit	*il recev-ait*
nous recevons	*nous recev-ions*
vous recevez	*vous recev-iez*
ils reçoivent	*ils recev-aient*

Passé composé (2. Vergangenheit)
j'ai reçu **(ich habe erhalten)**
(→ S. 44 Verben auf *-er*)
Passé simple
je reçus **(ich erhielt)**
tu reçus
il reçut
nous reçûmes
vous reçûtes
ils reçurent
Futur I (Zukunft)
je recevr-ai
(ich werde erhalten) etc.
Conditionnel I
je recevr-ais
(ich würde erhalten) etc.
Subjonctif I (Möglichkeitsform)
que je reçoive **(dass ich erhalte)**
que tu reçoives
qu'il reçoive
que nous recevions
que vous receviez
qu'ils reçoivent
Subjonctif passé
que j'aie reçu
(dass ich erhalten habe) etc.
(→ S. 44 Verben auf *-er*)
Participe présent
recevant **(erhaltend)**

Participe passé
ayant reçu **(erhalten habend)**

Plus-que-parfait (3. Vergangenheit)
j'avais reçu **(ich hatte erhalten)**
(→ S. 44 Verben auf *-er*)
Passé antérieur
j'eus reçu **(ich hatte erhalten)**
tu eus reçu
il eut reçu
nous eûmes reçu
vous eûtes reçu
ils eurent reçu
Futur II (vollendete Zukunft)
j'aurai reçu
(ich werde erhalten haben) etc.
Conditionnel II
j'aurais reçu
(ich hätte erhalten) etc.
Subjonctif II
que je reçusse **(dass ich erhielte)**
que tu reçusses
qu'il reçût
que nous reçussions
que vous reçussiez
qu'ils reçussent
Subjonctif plus-que-parfait
que j'eusse reçu
(dass ich erhalten hätte) etc.
(→ S. 44 Verben auf *-er*)
Impératif (Befehlsform)
reçois **(erhalte)**
recevons **(erhalten wir)**
recevez **(erhaltet)**

Auch *apercevoir* (erblicken), *percevoir* (wahrnehmen), *décevoir* (enttäuschen) werden u. a. so konjugiert.

ÜBUNGEN: DIE VOLLVERBEN

1. Ergänzen Sie die Endungen der Verben im présent de l'indicatif.

a. J'aim___ les films d'aventure.
b. Tu arriv___ juste à temps pour le début du match.
c. Elle ne support___ pas le chocolat: cela lui donn___ des boutons.
d. Nous pass___ de très bonnes vacances et nous pens___ bien à toi.
e. Vous sort___ ce soir ou vous rest___ à la maison?
f. Ils organis___ des collectes au profit des plus démunis.
g. Que se pass___ -t-il ici?

2. Konjugieren Sie folgende Verben.

Beispiel: habiter/présent/indicatif: Nous habitons à la campagne depuis trois ans.

a. avancer/imparfait/indicatif: Ils _______________ à pas lents dans la neige.
b. se partager/passé simple/ indicatif: Le soir, nous _______________ le dernier morceau de pain.
c. payer/futur I/indicatif: Tu me le __________ très cher!
d. achever/futur II/indicatif: Quand vous _______________ votre travail, vous pourrez sortir.
e. épeler/présent/subjonctif I: Il vaut mieux que tu ________ ton nom, il est vraiment compliqué.
f. préférer/conditionnel I: Je _______ rentrer chez moi pour me changer.
g. ne jamais envoyer: passé composé/ indicatif: Je vous assure que cette lettre, il _____me la _________.

3. Ergänzen Sie das Verb im présent de l'indicatif.

guérir, choisir, offrir, partir, découvrir, mourir, accueillir.

a. Quelle destination ________-tu? Barcelone ou Oslo?
b. Clément est vraiment généreux: il _________ toujours des cadeaux magnifiques à tout le monde.
c. Nous _______ de soif. Y a-t-il une fontaine d'eau potable près d'ici?
d. À l'heure actuelle, on __________ de plus en plus de maladies.
e. C'est décidé: je ____________ demain en Amérique.
f. La région Bourgogne vous ______!
g. Je _______ avec étonnement que je me suis trompé sur son compte.

4. Finden Sie in jeder Wortreihe den Eindringling.

a. je joue – je chante – je souffre – je pleure.
b. voir – pouvoir – recevoir – devoir.
c. jaunir – grossir – salir – mentir.

5. Setzen Sie ins imparfait.

a. Je viens te voir dès que je le peux. Autrefois, ______
b. Un rien le fait rougir. ______
c. Nous nous retrouvons toujours sur cette place. ______
d. Vous n'en faites qu'à votre tête. ______
e. Elles ont l'habitude de ne rien se cacher. ______
f. Il faut d'abord réussir la première étape. ______

6. Setzen Sie ins futur I.

a. Je fais tout ce que tu fais. Plus tard, ______
b. Tu vois, on ne te déçoit pas. ______
c. Il finit par s'y habituer. ______
d. Nous manquons surtout d'oxygène. ______
e. Ils envoient les invitations un mois avant la fête. ______
f. Que prennent ces dames? ______
g. Le jour de la fête de la musique, il y a de la musique dans toute la ville. ______

7. Setzen Sie ins impératif.

a. (mange) vite ta glace avant qu'elle ne fonde!
b. (ne pas s'inquiéter), Madame, nous nous occupons de tout!
c. Les enfants, (se dépêcher) s'il vous plaît, nous allons rater le bus!
d. Stéphane, (m'attendre), je n'ai pas mis mes chaussures!
e. (Ne pas crier) si fort: tu pourrais te casser la voix.

8. Setzen Sie in die Pluralform.

Beispiel: Il peut venir ce soir. Ils peuvent venir ce soir.

a. Tu dis vraiment des bêtises quand tu as bu. Vous ______
b. Là, ma mère dut prendre une décision. Là, mes parents ______
c. Après tout, tu fais bien comme tu veux! Après tout, vous ______
d. Je ne sais pas si je m'en remettrai. Nous ______
e. Elle va bien finir par revenir. Elles ______

9. Ändern Sie die Sätze wie folgt:

Je dois trouver une solution à ce problème. Il faut que je trouve une solution à ce problème.

a. Tu dois d'abord finir tes devoirs. Il faut que ______
b. Nous devons faire plus attention à nos affaires. ______
c. Ils doivent aller faire les courses avant 18 heures. ______
d. Nous devions rencontrer le professeur de chimie. Il fallait que ______
e. Vous devriez dire la vérité. Il faudrait que ______

Die reflexiven Verben

Bei einem reflexiven (rückbezüglichen) Verb bezieht sich die Handlung zurück auf das Subjekt, das zu dem Verb gehört (1):

(1) *Mireille se regarde dans le miroir.*	**Mireille schaut sich im Spiegel an.**

Die reflexiven Verben führen in allen Personen und Zeiten ein Reflexivpronomen (rückbezügliches Fürwort) bei sich.

Présent	Imparfait
je me dépêche	*je me dépêchais*
(ich beeile mich)	**(ich beeilte mich)**
tu te dépêches	*tu te dépêchais*
il se dépêche	*il se dépêchais*
nous nous dépêchons	*nous nous dépêchions*
vous vous dépêchez	*vous vous dépêchiez*
ils se dépêchent	*ils se dépêchaient*

Die zusammengesetzten Zeiten werden mit dem Hilfsverb *être* gebildet (→ S. 40f.) Dabei wird die Endung des participe passé an das Subjekt in Geschlecht und Zahl angeglichen (2):

(2) *Elle s'est dépêchée.*	**Sie hat sich beeilt.**
(2) *Nous nous étions amusés.*	**Wir hatten uns amüsiert.**

AUSNAHME: Das participe passé wird nicht angeglichen, wenn dem reflexiven Verb ein direktes Objekt (= Dativobjekt) folgt (3):

(3) *Elle s'est lavé les mains.*	**Sie hat sich die Hände gewaschen.**

Beim bejahten Imperativ steht das Reflexivpronomen nach dem Verb (4), beim verneinten Imperativ davor (5):

(4) *Dépêche-toi.*	**Beeil dich!**

(5) *Ne te casse pas la tête.* **Zerbrich dir nicht den Kopf!**

INFOKASTEN

Es gibt im Französischen Verben, die nur reflexiv gebraucht werden, z. B. *s'écrier* **(ausrufen);** *s'écrouler* **(einstürzen);** *s'efforcer* **(sich bemühen).**
Es gibt eine Reihe von Verben, von denen zwei Formen existieren:
appeler **(rufen);** *s'appeler* **(heißen);** *douter de* **(bezweifeln);** *se douter de* **(ahnen);** *attendre* **(warten);** *s'attendre à* **(gefasst sein auf);** *lever* **(heben);** *se lever* **(aufstehen) etc.**

Folgende Verben sind im Französischen nicht reflexiv, wohl aber im Deutschen:

augmenter **(sich vermehren);** *diminuer* **(sich vermindern);** *bouger* **(sich bewegen);** *empirer* **(sich verschlechtern);** *changer* **(sich verändern);** *redoubler* **(sich verdoppeln);** *différer* **(sich unterscheiden);** *tourner* **(sich umdrehen)**

Die unpersönlichen Verben

Unpersönliche Verben haben kein bestimmtes, persönliches Subjekt. Das grammatikalische Subjekt zu diesen Verben ist immer das neutrale *il* (deutsch: es):

il fait beau	es ist schönes Wetter	*il y a*	es gibt, da ist, da sind
il fait mauvais	es ist schlechtes Wetter	*il faut faire qch.*	man muss etwas tun
il fait jour, nuit	es ist Tag, Nacht	*il me faut qch.*	ich brauche etwas
il est 5 heures	es ist 5 Uhr	*il neige*	es schneit
il est temps	es ist Zeit	*il pleut*	es regnet
il gèle	es friert	*il grèle*	es hagelt

ÜBUNGEN: WEITERE VERBFORMEN

1. Setzen Sie ins passé composé.

a. Elle se sent fatiguée pendant sa grossesse. ________________

b. Au bout d'une heure, il se décide enfin à parler. ________________

c. C'est en faisant du ski qu'elle se casse la jambe. ______________:

d. Comment se mettent-elles du sable dans les cheveux? ____________

e. Finalement, nous nous habituons au décalage horaire. ____________

2. Ergänzen Sie fehlende Reflexivpronomen, wenn nötig.

a. Est-ce que tu ___ souviens de la chanson que nous chantions quand nous _____ promenions autrefois?

b. Va donc ___ laver les mains avant qu'on ____ mette à table.

c. Nous _____ arrêtâmes le moteur en pleine campagne et nous _____ regardâmes le paysage.

d. On voyait qu'il ____ efforçait de bien travailler à l'école, il __ passait des heures à faire des exercices.

e. Il ____ amusait beaucoup les gens avec ses grosses lunettes jaunes.

f. Il ____ passe des choses étranges, ici, ces temps derniers.

3. Verneinen Sie die folgenden Sätze.

Beispiel: Je m'intéresse à la politique. Je ne m'intéresse pas à la politique.

a. Devant les aboiements du chien, le voleur s'est sauvé. ____________

b. La prochaine fois, nous nous méfierons certainement. ____________

c. Ce père de famille s'occupe beaucoup de ses enfants. __________

d. Marianne s'angoisse facilement.

____

4. Setzen Sie den impératif.

a. Tu ne connais pas la nouvelle? Eh bien, (s'attendre) au pire!

b. Papa et maman, (s'asseoir) : j'ai quelque chose à vous annoncer.

c. (ne pas se gêner) avec moi, tu peux tout me dire.

d. (se rappeler) que tu dois aller voir ta tante à l'hôpital.

e. (ne pas se réjouir) trop tôt, nous pourrions être déçus.

5. Bestimmen Sie, ob die Verben im Fettdruck persönlich oder unpersönlich sind.

Beispiel: Il **a fait** très chaud aujourd'hui: unpersönlich.

a. Quelle heure **se fait**-il?: ________

b. C'est un enfant calme. Il **se plaît** à feuilleter des livres d'images pendant des heures: ____________

c. Il **est** grand temps que tu te rendes compte de ton erreur: ___________

d. Il **a fait** monter son repas dans sa chambre: ___________________

e. Quand j'ai présenté mon petit ami à ma famille, il **a plu** à tout le monde: ___________________

f. Nous sommes allés au bord de la mer et malheureusement, il **a plu** toute la semaine: ____________

6. Übersetzen Sie.

a. Wenn es kalt ist, soll man sich bewegen. ___________________

b. Du hast dich wirklich überhaupt nicht verändert! ______________

c. Ist jemand da? ______________

d. Wie traurig: es ist 17 Uhr und es ist schon Nacht. _______________

e. Ich muss mich beeilen denn es wird bald regnen. _______________

7. Setzen Sie ins conditionnel I.

a. Si j'avais une voiture, je (ne pas voyager) en train.

b. S'il avait de l'argent et du temps, il (faire) le tour du monde.

c. Si tu étais plus ordonnée, tu (ne pas perdre) tes affaires continuellement.

d. Si nous avions la DSL, je (pouvoir) téléphoner à ma mère pendant que tu surfes!

e. Si nous n'habitions pas si loin, nous (prendre) volontiers un dernier verre avec vous.

8. Setzen Sie ins conditionnel II.

a. Si j'avais su, je (ne pas venir)!

b. Si tout avait été à refaire, je pense qu'ils (ne pas faire) d'enfants.

c. Si vous aviez eu plus de temps, que cela (changer)?

d. Tu (devoir) réfléchir aux conséquences de tes actes!

9. Setzen Sie ins subjonctif I.

a. Je ne crois pas qu'ils (partir) en vacances cette année.

b. Il faudrait que tu (grandir) un peu pour faire du basket-ball.

c. Elle insiste pour que je (s'en aller) avant le retour de ses parents.

d. Il n'est pas vraiment nécessaire que tu (venir) nous voir.

e. J'aimerais que vous me (dire) une fois pour toutes ce que vous avez sur le cœur.

10. Setzen Sie ins subjonctif II.

a. Il fallait absolument que je (récupérer) tout ce qui m'appartenait.

b. Pourquoi a-t-il fallu qu'il (changer) à ce point et qu'il (perdre) toute son innocence?

c. Il aurait suffi que vous (discuter) un tout petit peu moins fort.

d. L'idéal aurait été qu'il (pleuvoir) avant notre arrivée.

e. On exigea de lui qu'il (finir) l'œuvre qu'avait entreprise son père.

DIE GEBEUGTEN VERBFORMEN

1. Die Zeiten

1.1 Der Gebrauch des présent

Das présent (Gegenwart) wird – wie im Deutschen – verwendet zur Beschreibung von gegenwärtigen Handlungen (1), allgemeingültigen Tatsachen (2), wiederkehrenden Gewohnheiten (3) und zukünftigen Handlungen, die als sicher gelten (4):

(1) *Regarde, Danièle arrive.*	**Schau, da kommt Danièle.**
(2) *Le soleil se lève à l'est.*	**Die Sonne geht im Osten auf.**
(3) *Le samedi, je vais au bar.*	**Samstags gehe ich ins Café.**
(4) *Vendredi, j'achète la voiture.*	**Am Freitag kaufe ich das Auto.**

1.2 Der Gebrauch des imparfait

Das imparfait (1. Vergangenheit) beschreibt vergangene Zustände (1), vergangene Gewohnheiten und wiederkehrende Handlungen (2), Erklärungen von Sachverhalten (3) und Handlungen, die im Verlauf gesehen werden (4):

(1) *Autrefois, mon père était chef de cette usine.*	**Früher war mein Vater Chef dieser Fabrik.**
(2) *Chaque matin, j'allais au travail avec lui.*	**Jeden Morgen ging ich mit ihm zur Arbeit.**
(3) *En 1920, il fallait beaucoup travailler.*	**Im Jahr 1920 musste man viel arbeiten.**
(4) *Quand Maurice a téléphoné, je lisais.*	**Als Maurice anrief, las ich gerade.**

1.3 Der Gebrauch des passé composé

Das passé composé (2. Vergangenheit, Perfekt) steht in starkem Kontrast zum imparfait. Es beschreibt einmalige Handlungen, die sich zu einem bestimmten Zeitpunkt in der Vergangenheit ereignet haben (1) und Handlungsformen, die einmalig sind und oft mit Auflistungen wie *d'abord, puis, ensuite etc.* stehen (2):

(1) *Samedi, je suis allé en ville pour voir un film.*	**Am Samstag bin ich in die Stadt gefahren, um einen Film anzuschauen.**
(2) *Je suis allé à la gare. D'abord j'ai acheté le billet, puis j'ai regardé les journaux et finalement je suis monté dans le train.*	**Ich bin zum Bahnhof gefahren. Zuerst habe ich die Fahrkarte gekauft, dann habe ich die Zeitungen angeschaut und schließlich bin ich in den Zug gestiegen.**

Folgende Signalwörter stehen meist mit passé composé:

– alle Ausdrücke, die einen bestimmten Zeitpunkt angeben, also z. B. Daten oder Wochentage (nicht jedoch im wiederholenden Sinn): *un jour* **(eines Tages);** *tout à coup* **(plötzlich);** *alors* **(da, dann) etc.**

INFOKASTEN

Folgende Signalwörter stehen meist mit imparfait:

– alle Ausdrücke, die eine Wiederholung angeben, also z. B. *chaque matin* **(jeden Morgen);** *tous les jours* **(jeden Tag);** *le lundi* **(jeden Montag) etc.**
– *pendant que* **(während)**
– *comme* **(da, als)**

Testfrage imparfait: War die Handlung schon im Gange? Warum war dies so?
Testfrage für das passé composé: Was geschah? Wie lief es ab?

1.4 Der Gebrauch des passé simple

Diese Zeitform existiert im Deutschen nicht und bereitet deshalb gelegentlich Schwierigkeiten. Weil sie auch geschichtlich zurückliegende Tatsachen oder Ereignisse schildert, wird sie manchmal als **historisches Perfekt** bezeichnet.
Das passé simple taucht heutzutage nur noch in geschriebener Sprache auf, also im Roman oder Bericht. In der gesprochenen – und teilweise auch in der geschriebenen Sprache (z. B. moderner Roman) – wird es durch das passé composé ersetzt.

Das passé simple beschreibt – wie das passé composé – einmalige Handlungen oder Handlungsabläufe der Vergangenheit (1) und Handlungen, die zu einem bestimmten Zeitpunkt in der Vergangenheit neu einsetzen oder Reaktionen auf eine vorherige Handlung sind (2):

(1) *Une voiture s'arrêta devant la maison. Un monsieur en descendit. Il sonna.*	**Ein Auto hielt vor dem Haus. Ein Herr stieg aus. Er läutete.**
(2) *Il pleuvait. Tout à coup je vis un rayon de soleil.*	**Es regnete. Plötzlich sah ich einen Sonnenstrahl.**

Das Deutsche kann nur versuchen, die Bedeutung des passé simple durch eine entsprechende Übersetzung wiederzugeben (3):

(3) *M. Rodes était un homme que je connaissais depuis longtemps.*	**Herr Rodes war ein Mann, den ich seit langem kannte.**	*M. Rodes était un homme que je connus à Rome.*	**Herr Rodes war ein Mann, den ich in Rom kennen lernte.**

Folgende Verben wechseln je nach Zeitform ihre Bedeutung:

j'avais	**ich hatte**	*j'eus*	**ich bekam**
je savais	**ich wusste**	*je sus*	**ich erfuhr**
j'étais	**ich war**	*je fus*	**ich wurde**

INFOKASTEN

Die Konjunktionen *quand* und *lorsque* werden im Deutschen in Verbindung mit dem passé simple „als" (4) übersetzt. Zusammen mit dem imparfait haben sie die Bedeutung „jedes Mal" (5):

(4) ***Quand M. Roger entra, les secrétaires rirent.***	**Als Herr Roger eintrat, lachten die Sekretärinnen.**
(5) ***Quand M. Roger entrait, les secrétaires riaient.***	**Jedes Mal wenn Herr Roger eintrat, lachten die Sekretärinnen.**

1.5 Der Gebrauch des plus-que-parfait

Das plus-que-parfait (3. Vergangenheit) beschreibt – wie im Deutschen – Handlungen und Zustände, die zeitlich noch vor einem anderen Vorgang oder Zustand in der Vergangenheit liegen (1):

(1) *J'étais en colère parce que Claude avait cassé ma radio.*	**Ich war wütend, weil Claude mein Radio kaputtgemacht hatte.**

INFOKASTEN

Mit dem plus-que-parfait bedeuten die Konjunktionen *quand* und *lorsque* im Deutschen „nachdem" (2):

(2) ***Quand il avait fait sa valise, il téléphonait à Marie.***	**Nachdem er seinen Koffer gepackt hatte, rief er Marie an.**

1.6 Der Gebrauch des passé antérieur

Das passé antérieur bezeichnet ein Geschehen, das sich vor einem anderen Ereignis in der Vergangenheit zugetragen hat. Dieses wird meist im passé simple geschildert (1). Das passé antérieur wird nur in der geschriebenen Sprache verwendet und hat dieselbe Funktion wie das plus-que-parfait:

(1) *Quand elle eut fait la vaisselle, elle partit.*	**Nachdem sie das Geschirr gespült hatte, brach sie auf.**

1.7 Der Gebrauch des futur I und II

Das futur I (Zukunft) bezeichnet Geschehnisse, die in der Zukunft liegen (1). Im Deutschen findet man häufig auch das Präsens, wo im Französischen Futur steht:

(1) *L'année prochaine, mon frère ira en Angleterre.*	**Nächstes Jahr wird mein Bruder nach England fahren. (oder: ... fährt ...)**

INFOKASTEN

Für die nahe Zukunft oder für den Ausdruck einer Absicht wird häufig die Konstruktion *aller faire qch.* verwendet (2) (→ S. 41 Hilfsverben):

(2) ***Demain, je vais m'en occuper.***	**Morgen werde ich mich darum kümmern.**
(2) ***On va voir.***	**Man wird sehen.**

Das futur II (vollendete Zukunft) wird verwendet um eine zukünftige Handlung zu beschreiben, die bereits als abgeschlossen betrachtet wird (3). Im Deutschen steht dafür häufig Perfekt:

(3) *Quand j'aurai fini la vaisselle, je partirai.*	**Wenn ich das Geschirr gespült habe, werde ich wegfahren.**

2. Die Aussageweisen

2.1 Der Gebrauch des indicatif

Der indicatif (Wirklichkeitsform) stellt Tatsachen, Zustände oder Ereignisse als real dar. Dabei fehlt jede persönliche Einfärbung. Abweichend vom Deutschen steht im Französischen der indicatif auch in der indirekten (= abhängigen) Rede. Dabei gilt folgende Zeitenfolge: Steht der Hauptsatz im présent, so stehen im Nebensatz dieselben Zeiten, die auch stünden, wenn dieser Satz ein selbstständiger Hauptsatz wäre (1):

(1) *Paul dit que sa sœur est malade.*	**Paul sagt, seine Schwester sei krank.**
(1) *Paul dit que Didier a vendu son vélo.*	**Paul sagt, dass Didier sein Fahrrad verkauft habe.**
(1) *Paul dit que Luc ne sera pas d'accord.*	**Paul sagt, dass Luc nicht einverstanden sein wird.**

Steht im Hauptsatz eine Zeit der Vergangenheit, so gelten folgende Regeln:
Die Handlung des Nebensatzes ist gleichzeitig zum Hauptsatz.
Es steht imparfait (2):

(2) *Paul a dit que sa sœur était malade.*	**Paul hat gesagt, dass seine Schwester krank sei.**

Die Handlung des Nebensatzes ist vorzeitig zum Hauptsatz, wenn der Nebensatz im plus-que-parfait (3) steht:

(3) *Paul a dit que Didier avait vendu son vélo.*	**Paul hat gesagt, dass Didier sein Fahrrad verkauft habe.**

Wenn die Handlung des Nebensatzes nach der Handlung des Hauptsatzes erfolgt, wird das conditionnel I verwendet (4):

(4) *Paul a dit que Luc ne serait pas d'accord.*	**Paul hat gesagt, dass Luc nicht einverstanden sein werde.**

2.2 Der Gebrauch des subjonctif

Der subjonctif (Möglichkeitsform) beschreibt alles, was vom Sprecher als nicht wirklich gesehen wird oder was durch seine persönliche Stellungnahme eingefärbt ist. Dabei spielt es keine Rolle, ob ein Ereignis tatsächlich stattgefunden hat oder nicht. Entscheidend ist, wie der Sprecher es sehen möchte. Der subjonctif wird nach einem Wunsch, einer Möglichkeit, einem Zweifel oder nach einer Willensäußerung verwendet. Er wird automatisch nach bestimmten Ausdrücken angewandt und wird tritt fast ausschließlich in Nebensätzen mit *que* oder anderen Konjunktionen auf.

Man unterscheidet folgende Arten des subjonctif:

INFOKASTEN

Der subjonctif kann auch in einigen Hauptsätzen stehen und drückt dann einen Wunsch aus (1):

(1) *Vive la France!*	**Es lebe Frankreich!**
(1) *Sauve qui peut!*	**Rette sich, wer kann!**

Der subjonctif der Willensäußerung

Der subjonctif steht nach Verben, die einen Wunsch, eine Aufforderung, einen Befehl, ein Verbot oder eine Erlaubnis ausdrücken (1):

(1) *Mon oncle souhaite que je vienne l'aider tous les samedis.*	**Mein Onkel wünscht, dass ich ihm jeden Samstag helfen komme.**
(1) *Je veux que tu fasses tes devoirs.*	**Ich möchte, dass du deine Hausaufgaben machst.**

EBENSO:

aimer mieux	**lieber wollen**	*exiger*	**fordern**
désirer	**wünschen**	*préférer*	**vorziehen**

défendre	verbieten	*prier*	bitten
demander	verlangen	*permettre*	erlauben
admettre	annehmen etc.		

Der subjonctif der persönlichen Stellungnahme

Der subjonctif steht nach Verben, die eine gefühlsmäßige Stellungnahme des Sprechers zu dem, was im Nebensatz gesagt wird, ausdrücken (1):

(1) *Je regrette que tu sois malade.*	Ich bedaure, dass du krank bist.
(1) *Je suis heureux que tu me fasses confiance.*	Ich bin glücklich, dass du mir vertraust.

EBENSO:

être content	zufrieden sein	*être charmé*	entzückt sein
être triste	traurig sein	*trouver bon*	gut finden
être fâché	verärgert sein	*s'étonner*	staunen
être étonné	erstaunt sein	*se plaindre*	sich beklagen etc.

Der subjonctif des Zweifelns

Bezweifelt oder befürchtet der Sprecher die Realität oder die Wahrscheinlichkeit eines Sachverhalts, so steht ebenfalls subjonctif (1):

(1) *Je doute qu'il sache conduire.*	Ich bezweifle, dass er fahren kann.

EBENSO:

il semble (es scheint); *nier* (leugnen); *ignorer* (nicht wissen); *il est donteux* (es ist zweifelhaft) etc.

INFOKASTEN

Bei *craindre* (befürchten) und *avoir peur* (befürchten) steht vor dem bejahten Verb oft ein *ne*. Man kann es jedoch auch weglassen (2):

(2) *Je crains qu'il (ne) soit malade.* Ich fürchte, dass er krank ist.

ACHTUNG: Einen Sonderfall stellt das Verb *croire* (glauben) dar.
Steht *croire* in einem bejahten Aussagesatz, so folgt Indikativ (3):

(3) *Je crois qu'il est parti.*	**Ich glaube, er ist abgefahren.**

Steht *croire* im Fragesatz, so folgt subjonctif (4):

(4) *Crois-tu qu'il soit parti?*	**Glaubst du, dass er abgefahren ist?**

Der subjonctif bei unpersönlichen Ausdrücken

Nach einer Reihe von unpersönlichen Ausdrücken steht immer der subjonctif (1):

(1) *Il faut que tu sois intransigeant.*	**Du musst unnachgiebig sein.**
(1) *Il vaut mieux que vous vous dépêchiez.*	**Es ist besser, wenn ihr euch beeilt.**

EBENSO:

il est bon	**es ist gut**	*il est naturel*	**es ist natürlich**
il est dommage	**es ist schade**	*il est nécessaire*	**es ist notwendig**
il est important	**es ist wichtig**	*il est normal*	**es ist normal**
il est juste	**es ist gerecht**	*il est temps*	**es ist Zeit**
il est possible.	**es ist möglich**	*il est utile*	**es ist nützlich etc.**

Der subjonctif nach Konjunktionen

Auch eine Reihe von Konjunktionen verlangt den subjonctif (1):

(1) *Je discute souvent avec lui, bien que nous ayons des opinions différentes.*	**Ich diskutiere oft mit ihm, obwohl wir verschiedene Meinungen haben.**

EBENSO:

afin que **(damit);** *avant que* **(bevor);** *pour que* **(damit);** *sans que* **(ohne dass);** *en sorte que* **(so dass);** *jusquà ce que* **(bis);** *de façon que* **(so dass);** *pourvu que* **(vorausgesetzt, dass)**

Der subjonctif in Relativsätzen

Im Relativsatz steht der subjonctif, wenn er einen Wunsch oder eine Forderung enthält (1) oder wenn ein Superlativ oder ein superlativischer Ausdruck vorausgehen (2):

(1) *Je voudrais avoir une secrétaire qui soit impeccable.*	**Ich möchte eine Sekretärin haben, die tadellos ist.**
(2) *C'est le meilleur mécanicien que je connaisse.*	**Das ist der beste Mechaniker, den ich kenne.**

EBENSO:

le seul **(der Einzige);** *l'unique* **(der Einzige);** *le premier* **(der Erste);** *le dernier* **(der Letzte);** *rien/personne* **(nichts, niemand) etc.**

Die Zeitenfolge in Sätzen mit subjonctif

Steht der Hauptsatz im présent, so stehen im Nebensatz
– bei Gleichzeitigkeit subjonctif I (1):

(1) *Je doute qu'il ait raison.*	**Ich bezweifle, dass er Recht hat.**

– bei Vorzeitigkeit subjonctif II (2):

(2) *Je doute qu'il ait eu raison.*	**Ich bezweifle, dass er Recht gehabt hat.**

– bei Nachzeitigkeit subjonctif I (3):

(3) *Je doute qu'il vienne demain.*	**Ich bezweifle, dass er morgen kommen wird.**

Steht der Hauptsatz in einer Zeit der Vergangenheit, so stehen im Nebensatz
– bei Gleichzeitigkeit subjonctif II (4)
– bei Vorzeitigkeit subjonctif plus-que-parfait (5)
– bei Nachzeitigkeit subjonctif II (6)

Je doutais	**Ich bezweifelte,**
(4) *qu'il eût raison.*	**dass er Recht hatte.**
(5) *qu'il eût eu raison.*	**dass er Recht gehabt hatte.**

(6) *qu'il vînt.*	**dass er kommen würde.**

Die letzten drei Beispiele sind jedoch nur noch in der Schriftsprache üblich. Mehr und mehr setzen sich auch für Hauptsätze in der Vergangenheit die Formen der ersten drei Beispiele durch.

2.3 Der Gebrauch des conditionnel

Das conditionnel (Konditionalform) ist sowohl eine Zeitform (Tempus) als auch eine Aussageweise (Modus).
Es drückt einen Wunsch oder eine mögliche Handlung aus (1). Daneben steht es in höflichen Fragen (2). In Zeitungsartikeln findet es sich zur Wiedergabe noch nicht endgültig bestätigter Berichte (3). Außerdem steht das conditionnel in Bedingungssätzen (4). Es bezeichnet ferner eine von einem Standpunkt in der Vergangenheit aus noch zukünftige Handlung (5):

(1) *Je voudrais vous remercier.*	**Ich möchte mich bei Ihnen bedanken.**
(1) *À ta place, je n'aurais pas pris cette voiture.*	**An deiner Stelle hätte ich dieses Auto nicht genommen.**
(2) *Pourriez-vous m'aider?*	**Könnten Sie mir helfen?**
(3) *D'après un membre du conseil, le président aurait accepté leur décision.*	**Einem Ratsmitglied zufolge soll der Präsident ihre Entscheidung akzeptiert haben.**
(4) *Si tu travaillais régulièrement, tu aurais de bonnes notes.*	**Wenn du regelmäßig arbeiten würdest, hättest du gute Noten.**
(5) *Il a dit qu'il trouverait un bon emploi.*	**Er hat gesagt, dass er eine gute Stelle finden würde.**

2.4 Der impératif

Beim so genannten bejahten impératif (Befehl) werden die Pronomen mit Bindestrich an das Verb angehängt (1):

(1) *Montre-moi ta robe.*	**Zeig mir dein Kleid.**

Gibt es zwei Pronomen in einem Satz, so folgen sie dem impératif in dieser Reihenfolge (2): Impératif → direktes Objekt (= Akkusativobjekt) → indirektes Objekt (= Dativobjekt).

(2) *Montre-le nous.*	**Zeig es uns.**
Rends-les moi.	**Gib sie mir zurück.**

AUSNAHME: Bei *en* steht zuerst das indirekte Objekt (3. Fall) und dann *en. Moi* verwandelt sich zu *me* (3).

(3) *Donne-m'en.*	**Gib mir davon.**

Beim verneinten impératif umschließt *ne ... pas* das Verb (4):

(4) *Ne pleurez pas.*	**Weint nicht.**

Die Pronomen stehen dann in derselben Reihenfolge wie im Aussagesatz (5):

(5) *Ne les leur donnez pas.*	**Gebt sie ihnen nicht.**
(5) *Ne la lui donne jamais.*	**Gib sie ihm nie.**

2.5 Das Aktiv und das Passiv

Anders als im Deutschen wird das Aktiv (Tatform) im Französischen sehr viel häufiger gebraucht als das Passiv (Leideform).
Das Passiv wird gebildet aus der entsprechenden Form von *être* und dem participe passé. Dabei erscheint *être* in der gewünschten Zeit, und das participe wird in Zahl und Geschlecht dem Subjekt angeglichen:

Elle a été acceptée.	**Sie ist akzeptiert worden.**
Nous avons été acceptés.	**Wir sind akzeptiert worden.**

Présent:

Je suis appelé.	**Ich werde gerufen.**
Tu es appelé.	**Du wirst gerufen etc.**

Imparfait:

J'étais appelé.	**Ich wurde gerufen.**
Tu étais appelé.	**Du wurdest gerufen etc.**

Passé composé:

J'ai été appelé.	**Ich bin gerufen worden.**
Tu as été appelé.	**Du bist gerufen worden etc.**

Der Urheber einer Handlung wird meistens mit der Präposition (Verhältniswort) *par* angegeben (1):

(1) *Il a été provoqué par son chef.*	**Er ist von seinem Chef provoziert worden.**

ABER: Bei einigen Verben steht statt *par* die Präposition *de* (2):

(2) *Il était entouré de ses collègues.*	**Er wurde von seinen Kollegen umringt.**

EBENSO:

être accompagné de qn.	**von jmd. begleitet werden**
être couvert de qch.	**von etwas bedeckt werden**
être aimé de qn.	**von jmd. geliebt werden etc.**

ÜBUNGEN: GEBEUGTE VERBFORMEN

1. Setzen Sie folgende Verben ins présent, ins imparfait oder ins passé composé.

a. C'est décidé: aujourd'hui, je (ranger) le grenier!

b. Le jour de ses 18 ans, il (quitter) la maison. Ses parents n'ont pas pu l'en empêcher.

c. Quand j'étais jeune, je (faire) souvent la fête.

d. Depuis longtemps, Jean-Luc (rêver) d'un scooter. Dernièrement, ses parents lui en (offrir) un. Maintenant, il (vouloir) une voiture!

e. Autrefois, on (se nourrir) essentiellement de soupe et de pain, la viande (être) le plat du dimanche.

2. Erzählen Sie die Geschichte in der Vergangenheit, im passenden Tempus.

Un petit garçon s'appelle Tom. Il a dix ans et depuis que ses parents sont morts, il habite seul avec son grand-père, dans une petite maison à la lisière de la forêt. Comme le grand-père est très pauvre, il faut travailler dur pour survivre et parfois, pour l'aider, Tom ne va pas à l'école. Tom est un petit garçon courageux, il ne se plaint jamais et il aime beaucoup son grand-père. Un jour, alors qu'il est en train de couper du bois dans la grange, un homme que Tom n'a encore jamais vu, vient frapper à la porte. Le grand-père le fait entrer dans la maison et ils ont une longue discussion …

Il était une fois un petit garçon qui

3. Finden Sie die richtige Form.

a. Quand je serai/vais être/aurai été grand, je ferai/vais faire/aurai fait le tour du monde.

b. Mais te tairas-tu/ vas-tu te taire/te seras-tu tu, maintenant?

c. Quand tu seras arrivé/ arriveras/ vas arriver, il partira/ va partir/sera parti depuis bien longtemps.

d. Il est déjà tard: j'irai/vais y aller/ serai allé car ma femme s'inquiétera/ va s'inquiéter/ se sera inquiétée.

e. Un jour viendra/ va venir/ sera venu où il faudra/ va falloir/ aura fallu que tu deviennes plus responsable.

4. Beachten Sie die Zeitenfolge.

a. Le reporter qui est sur les lieux de l'accident dit que les dégâts (être) importants.

b. Le chauffeur du bus explique qu'il (ne pas pouvoir) éviter la voiture qui arrivait à toute allure.

c. Les médecins ne savent pas si tous les blessés (survivre).

d. Les gendarmes ont assuré qu'une

enquête (être) déjà en cours.

e. Ils ont ajouté que quelques témoins (se manifester) déjà depuis que la catastrophe s'était produite.

5. Bilden Sie Sätze nach folgendem Muster:

Vous avez déjà terminé le travail. Je suis ravi que vous ayez déjà terminé le travail.

a. Notre clientèle est satisfaite. Nous souhaitons que ______________
b. Nous traitons cette affaire tout de suite. Je veux que ______________
c. Tu as été trop sévère. Je crains que ______________
d. Il s'en va. Nous sommes tous désolés que ______________
e. Ils peuvent être parmi nous ce soir. Je suis enchanté que ______________
f. Tu prends régulièrement tes médicaments. Il est nécessaire ______________

6. Beantworten Sie die Fragen.

Beispiel: Tu crois que cette porcelaine vient de Chine?
– Non, je ne crois pas que cette porcelaine vienne de Chine.

a. Vous pensez qu'il y a beaucoup de monde à la séance de 16 heures?
– Non, je ______________
b. Crois-tu que cet appartement soit à vendre?
– Oui, je ______________
c. Ne pensez-vous pas que les prix soient trop élevés?
– Si, ______________

7. Ergänzen Sie die Sätze mit dem conditionnel.

a. (pouvoir) -vous répéter la question, s'il vous plaît?
b. Est-ce que tu me (suivre) si je partais à l'autre bout du monde?
c. Si tu m'avais écouté, tu (ne pas être obligé) de démissionner comme tu l'as fait dernièrement.
d. On raconte qu'il (sortir) de prison depuis plus de six mois.
e. Est-ce que par hasard tu (avoir) un cachet d'aspirine sur toi?

8. Setzen Sie in die Passivform.

Beispiel: Le chat mange la souris.
La souris est mangée par le chat.

a. On signale un grave accident sur l'autoroute A5.
____
b. Des bénévoles ont assuré les transports scolaires pendant la grève.
____
c. Trois petites têtes blondes qui lui ressemblaient étrangement le suivaient. ______________
d. On n'accepte pas les chiens dans ce restaurant. ______________
e. Pourvu qu'on ne la voie pas dans ce triste état!
____

DIE UNGEBEUGTEN VERBFORMEN

1. Die Infinitivkonstruktionen

Der Infinitiv (Grundform) kann als Subjekt oder als prädikative Ergänzung zum Verb *être* stehen (1). Er kann auch als verkürzter Befehl stehen (2):

(1) *Partir, c'est mourir un peu.*	**Scheiden heißt ein wenig sterben.**
(2) *S'adresser au concierge.*	**Wenden Sie sich an den Hausmeister.**

Daneben gibt es eine Reihe von Konstruktionen, bei denen der Infinitiv – mit oder ohne Präposition – von einem vorausgehenden Verb, Adjektiv, Substantiv abhängt.

Die Infinitivanschlüsse ohne Präposition

Der Infinitiv (Grundform) wird ohne Präposition (Ø) (Verhältniswort) an die modalen Hilfsverben, wie z. B. *devoir* (müssen), *avoir* (dürfen) oder *pouvoir* (können), angeschlossen (1):

(1) *Ils doivent rester dehors.*	**Sie müssen draußen bleiben.**

EBENSO: Ø + Infinitiv

vouloir	**wollen**	*oser*	**wagen**
faire	**veranlassen**	*paraître*	**scheinen**
laisser	**lassen**	*avoir*	**können**
daigner	**geruhen**	*sembler*	**scheinen etc.**

Der Infinitiv wird ohne Präposition an Verben der Willensäußerung angeschlossen (2):

(2) *J'aimerais visiter ce musée.*	**Ich würde gern dieses Museum besuchen.**

EBENSO: Ø + Infinitiv

aimer mieux	**lieber wollen**	*désirer*	**wünschen**
préférer	**vorziehen**	*espérer*	**hoffen etc.**

Der Infinitiv wird ebenfalls ohne Präposition an Verben der Sinneswahrnehmung (3) angeschlossen:

(3) *Je l'entends chanter.* **Ich höre sie singen.**

EBENSO: Ø + Infinitiv

écouter	**zuhören**	*sentir*	**fühlen**
regarder	**ansehen**	*voir*	**sehen etc.**

Der Infinitiv wird auch ohne Präposition an Verben des Denkens, Glaubens und Meinens (4) angeschlossen.

(4) *Elle s'imagine être une vedette.* **Sie stellt sich vor, ein Star zu sein.**

EBENSO: Ø + Infinitiv

croire	**glauben**	*compter*	**beabsichtigen zu tun**
se figurer	**sich vorstellen**	*penser*	**denken**
se rappeler	**sich erinnern**	*espérer*	**hoffen etc.**

Der Infinitiv wird ohne Präposition an Verben der Meinungsäußerung (5) angefügt:

(5) *Il prétend être le chef.* **Er gibt vor, der Chef zu sein.**

EBENSO: Ø + Infinitiv

affirmer **(behaupten);** *assurer* **(versichern);** *dire* **(sagen, behaupten);** *déclarer* **(erklären);** *jurer* **(schwören) etc.**

Der Infinitiv wird ohne Präposition an Verben der Bewegung (6) angeschlossen:

(6) *Je cours vous aider.* **Ich eile, um euch zu helfen.**

EBENSO: Ø + Infinitiv

aller **(gehen);** *venir* **(kommen);** *envoyer* **(schicken) etc.**

Außerdem wird der Infinitiv ohne Präposition an bestimmte unpersönliche Ausdrücke (7) angeschlossen:

(7) *Il vaut mieux oublier cette affaire.*	**Es ist besser, diese Angelegenheit zu vergessen.**

EBENSO: Ø + Infinitiv

il fait bon **(es tut gut);** *il faut* **(man muß);** *il semble* **(es scheint)**

Die Infinitivanschlüsse mit *à*

Der Infinitiv wird mit der Präposition *à* an folgenden Verben angeschlossen (1):

(1) *Où as-tu appris à nager?*	**Wo hast du schwimmen gelernt?**

EBENSO: *à* + Infinitiv

accoutumer	**gewöhnen**	*continuer*	**fortfahren**
aider	**helfen**	*enseigner*	**lehren**
s'amuser	**sich amüsieren**	*s'habituer*	**sich gewöhnen**
arriver	**gelingen**	*inviter*	**auffordern**
s'attendre	**gefasst sein auf**	*renoncer*	**verzichten**
commencer	**beginnen**	*servir*	**dienen etc.**

Nach folgenden Adjektiven wird der Infinitiv mit der Präposition *à* angeschlossen (2):

(2) *Cette radio est facile à réparer.*	**Dieses Radio ist leicht zu reparieren.**
(2) *Ce livre est difficile à lire.*	**Dieses Buch ist schwer zu lesen.**

INFOKASTEN

Diese Konstruktion ist jedoch nur dann möglich, wenn das Subjekt ein Substantiv oder ein Pronomen ist. Dagegen wird der Infinitiv mit *de* angeschlossen, wenn das neutrale Subjekt *il* (deutsch: es) vorangeht (3):

(3) *Il est facile de réparer cette radio.*	**Es ist leicht, dieses Radio zu reparieren.**
(3) *Il est difficile de lire ce livre.*	**Es ist schwierig, dieses Buch zu lesen.**

EBENSO: *à* + Infinitiv

le premier/la première **(der/die Erste);** *prêt,e* **(bereit);** *le dernier/la dernière* **(der/die Letzte);** *le/la seul,e* **(der/die Einzige)**

Die Infinitivanschlüsse mit *de*

Der Infinitiv wird mit Präposition *de* an folgende Verben (4) angeschlossen:

(4) *Tu as promis de m'écrire.*	**Du hast versprochen, mir zu schreiben.**

EBENSO: *de* + Infinitiv

s'agir	sich handeln um	*offrir*	anbieten
craindre	fürchten	*oublier*	vergessen
défendre	verbieten	*parler*	sprechen
dire	sagen, befehlen	*permettre*	erlauben
		prier	bitten
essayer	versuchen	*proposer*	vorschlagen
éviter	vermeiden	*refuser*	sich weigern
s'excuser	sich entschuldigen	*se repentir*	bereuen
féliciter	beglückwünschen	*rêver*	träumen
		finir	aufhören
accuser	anklagen	*risquer*	Gefahr laufen
menacer	drohen	*tenter*	versuchen

BEACHTE: Stehen die Verben *forcer, contraindre* und *obliger* (zwingen, nötigen) im Aktiv, so folgt der Infinitiv mit *à* (5):

(5) *L'homme m'a forcé à ouvrir le coffre.*	**Der Mann hat mich gezwungen, den Kofferraum zu öffnen.**

Stehen diese Verben dagegen im Passiv, so folgt der Infinitiv mit *de* (6):

(6) *Elle était obligée d'arrêter la voiture.*	**Sie musste den Wagen anhalten.**

INFOKASTEN

Nach folgenden Adjektiven steht der Infinitiv mit der Präposition *de* (7):

(7) *Je suis heureuse de vous voir.* **Ich bin glücklich, Sie zu sehen.**

EBENSO: de + Infinitiv

content,e **(zufrieden);** ***fier, fière*** **(stolz);** ***heureux*** **(glücklich);** ***surpris,e*** **(überrascht);** ***enchanté,e*** **(entzückt) etc.**

Viele Substantive schließen den Infinitiv mit der Präposition *de* an (8):

(8) *J'ai envie d'aller au cinéma.* **Ich habe Lust, ins Kino zu gehen.**

EBENSO: de + Infinitiv

l'art **(Kunst);** *le courage* **(Mut);** *l'énergie* **(Energie);** *la joie* **(Freude);** *la peur* **(Angst) etc.**

Nach folgenden unpersönlichen Ausdrücken schließt sich der Infinitiv auch mit der Präposition *de* an (9):

(9) *Il est impossible de l'aider.* **Es ist unmöglich, ihm zu helfen.**

EBENSO: de + Infinitiv

il est défendu	es ist verboten	*il est juste*	es ist richtig
il est possible	es ist möglich	*il est facile*	es ist leicht
il est difficile	es ist schwierig	*il est normal*	es ist normal
il est naturel	es ist natürlich	*il est interdit*	es ist verboten etc.

Der Infinitiv mit anderen Präpositionen

afin de (um zu)	*Il frappe afin de réveiller le voisin.*	Er klopft, um den Nachbarn aufzuwecken.

au lieu de (anstatt)	*Au lieu de dormir, tu devrais travailler.*	**Anstatt zu schlafen, solltest du arbeiten.**
avant de (bevor)	*Réfléchis bien avant de l'avertir.*	**Denk gut nach, bevor du ihn benachrichtigst.**
sans (ohne)	*Elle a répondu sans hésiter.*	**Sie hat geantwortet, ohne zu zögern.**
par nur in diesen Konstruktionen:	*J'ai commencé par ranger la cuisine.*	**Ich habe als Erstes die Küche aufgeräumt.**
	J'ai fini par laver la voiture.	**Ich habe als Letztes das Auto gewaschen.**

2. Die Partizipialkonstruktionen

Man unterscheidet das participe présent (Partizip I), z. B. *dormant* (schlafend), und das participe passé (Partizip II), z. B. *ayant dormi* (geschlafen habend).

Das participe présent

Das participe présent kann wie ein Adjektiv gebraucht werden und ist dann in seiner Form veränderlich (1):

(1) *C'était une soirée amusante.*	**Das war ein amüsanter Abend.**

Es kann aber auch – fast ausschließlich in geschriebener Sprache und im Behördenstil – als Verbform auftreten und ist hier unveränderlich. Es steht dann anstelle eines Relativsatzes (2):

(2) *Jeune Allemand travaillant à Strasbourg cherche un appartement.*	**Junger Deutscher, der in Strasbourg arbeitet, sucht Wohnung.**

Das participe présent steht auch anstelle eines Nebensatzes mit *parce que, comme* oder *puisque* (3):

(3) *Craignant une crise, le docteur l'a couché sur un lit.*	**Da er einen Anfall befürchtete, legte ihn der Arzt ins Bett.**

Das participe présent steht zur Angabe eines Begleitumstandes (4):

(4) *Souriant, il s'est détourné.*	**Lächelnd wendete er sich ab.**

Das participe présent steht anstelle eines Nebensatzes mit *après que, quand, bien que* oder *quoi que* (5):

(5) *Ayant vendu sa maison, il est parti pour l'Amérique.*	**Nachdem er sein Haus verkauft hatte, ist er nach Amerika gegangen.**

Das participe passé

Auch das participe passé kann wie ein Adjektiv verwendet werden. In diesem Fall ist es jedoch veränderlich (1):

(1) *une femme admirée*	**eine bewunderte Frau**

Steht das participe passé mit dem Hilfsverb *être*, so richtet es sich in Geschlecht und Zahl nach dem Subjekt des Satzes (2):

(2) *Elle est venue.*	**Sie ist gekommen.**

Steht es dagegen mit dem Hilfsverb *avoir*, so bleibt es unverändert (3):

(3) *Elle a regardé un film allemand.*	**Sie hat einen deutschen Film angeschaut.**

AUSNAHME: Steht ein direktes Objekt (Akkusativobjekt genannt, beantwortet die Fragen „wen" oder „was") in Form eines Objektpronomens *(le, la, les)* (4), eines Relativpronomens *(que)* (5) oder eines Frageworts *(combien de, lequel ...)* (6) vor einem Verb im passé composé, so richtet sich das participe passé nach diesem in Geschlecht und Zahl:

(4) *Il l'a achetée (= la voiture).*	**Er hat es gekauft.**
(5) *Voilà la voiture que j'ai achetée.*	**Hier ist das Auto, dass ich gekauft habe.**
(6) *Il veut savoir quelle voiture tu as achetée.*	**Er möchte wissen, welches Auto du gekauft hast.**

3. Das gérondif

Das gérondif ist eine Form des Verbs, die nur im Französischen existiert. Im Deutschen drückt ein Nebensatz dasselbe aus. Das gérondif ist unveränderlich und wird sowohl in der gesprochenen als auch in der geschriebenen Sprache verwendet.

Das gérondif wird gebildet aus der Präposition *en* und dem participe présent des Verbs (1):

(1) *réfléchir*	*en réfléchissant*
attendre	*en attendant*
écrire	*en écrivant*
lire	*en lisant*
prendre	*en prenant*
faire	*en faisant*
voir	*en voyant*
boire	*en buvant*

Das gérondif ersetzt einen Nebensatz. Es wird verwendet zum Ausdruck der Gleichzeitigkeit zweier Handlungen (2):

(2) *Elle préparait le gâteau en écoutant la radio.*	**Sie bereitet den Kuchen zu, während sie Radio hörte.**

Das gérondif wird außerdem verwendet zur Angabe der Art und Weise, wie eine Handlung geschieht (3):

(3) *Il est devenu chef en travaillant dur.*	**Er ist Chef geworden, indem er hart gearbeitet hat.**

Das gérondif wird verwendet zur Angabe einer Bedingung (4). Es ersetzt in diesem Zusammenhang oft einen Konditionalsatz mit *si*:

(4) *En lui parlant tranquillement, tu aurais plus de chance de le convaincre.*	**Wenn du ruhig mit ihm sprechen würdest, hättest du mehr Chancen, ihn zu überzeugen.**

INFOKASTEN

Das Subjekt des gérondif muss in jedem der oben genannten Fälle identisch mit dem Subjekt des Hauptsatzes sein (5):

(5) *En sortant j'ai rencontré Gilbert.*	**Als ich hinausging, traf ich Gilbert.**

4. Die Verneinung und die Frage

Die Verneinung

Die Verneinung besteht aus zwei Teilen. *Ne ... pas* umschließen das konjugierte Verb und die davorstehenden Pronomen (1):

(1) *Je ne lui ai pas répondu.*	**Ich habe ihm nicht geantwortet.**

AUSNAHME:

Beim verneinten Infinitiv und beim verneinten gérondif steht *ne ... pas* zusammen vor diesen Konstruktionen (2):

(2) *Je regrette de ne pas avoir dit la vérité.*	**Ich bedaure es, nicht die Wahrheit gesagt zu haben.**
(2) *En ne répondant pas, tu n'obtiendras pas de résultat.*	**Du wirst nichts erreichen, wenn du nicht antwortest.**

EBENSO:

ne ... guère	**kaum**	*ne ... jamais*	**nie**
ne ... personne	**niemand**	*ne ... ni ... ni*	**weder ... noch**
ne ... rien	**nichts**	*ne ... plus*	**nicht mehr etc.**

BEACHTE:

Personne steht im passé composé nach dem participe passé (3):

(3) *Je n'ai vu personne.*	**Ich habe niemanden gesehen.**

Personne und *rien* können auch Subjekt sein. Sie stehen dann vor dem Verb (4):

(4) *Personne ne m'a dit bonjour.*	**Niemand hat mich begrüßt.**
(4) *Rien ne s'est passé.*	**Nichts ist passiert.**

Die Frage

Zur Bildung einer Frage kann das Pronomen mit einem Bindestrich an das Verb (Tätigkeitswort) angehängt werden (= Inversion) (1):

(1) *Est-il d'accord?*	**Ist er einverstanden?**

Bei den Verben auf *-er* wird bei der Fragestellung in der 3. Person Singular Präsens ein *-t-* eingeschoben (2):

(2) *Où va-t-il?*	**Wohin geht er?**

Weitere Möglichkeiten Fragen zu bilden (→ S. 119 f. Satzbau).

INFOKASTEN

Man unterscheidet im Französischen allgemein zwischen direkter (3) und indirekter Frage (4):

(3) *Qui vient?*	**Wer kommt?**
(4) *Il me demande qui vient.*	**Er fragt mich, wer kommt.**

ÜBUNGEN: UNGEBEUGTE VERBFORMEN

1. Tragen Sie à oder de ein.

a. Si la fièvre continue __ monter, je serai obligé __ appeler un médecin.
b. J'ai l'intention ___ apprendre ___ danser la valse, et pour cela j'ai besoin ___ un partenaire.
c. Y a-t-il un appartement ___ louer dans ton immeuble?
d. Mon but est ___ atteindre le refuge avant la tombée de la nuit.
e. Tu es la seule ___ avoir remarqué ma nouvelle coupe de cheveux.
f. Ce sont des nouvelles pénibles ___ annoncer.

2. Tragen Sie die passende Präposition ein, wenn nötig.

a. Il faut bien regarder de chaque côté de la route ____ traverser.
b. Prévenez-moi si vous arrivez ___ décoder ce message.
c. Il est de mon devoir ___ vous mettre en garde contre lui.
d. Jamais il n'osera ___ déclarer sa flamme à cette jeune fille.
e. Les grandes décisions sont généralement difficiles ___ prendre.
f. Il a le don ___ garder son calme dans toutes les situations.

3. Ersetzen Sie die Relativ- und Nebensätze durch ein participe présent.

Beispiel: un homme qui aime les animaux = un homme aimant les animaux

a. Comme elle avait pris des somnifères, elle s'endormit aussitôt.
b. Jeune mère qui élève seule ses deux enfants cherche emploi dans la région lyonnaise.
c. Mon mari, qui est conducteur de trains grandes lignes, a des horaires de travail irréguliers.
d. Que les participants qui désirent suivre des cours supplémentaires se fassent connaître!

4. Ergänzen Sie die Endungen.

a. Le professeur de biologie est arrivé__ en retard à cause du verglas.
b. Le directeur a convoqué__ les employés et il les a félicité__ pour leur bon travail.
c. Dis-moi, Sandrine, qui est le jeune homme avec qui je t'ai vu__ discuter sur la plage?
d. Je n'ai pas encore reçu__ la robe que j'ai acheté__ par correspondance. J'ai peur que la commande ne se soit perdu__.

5. Benutzen Sie das gérondif.

Beispiel: Je regarde la télévision et **je mange**. Je regarde la télévision en mangeant.

a. Il chante et **il prend sa douche**.
b. **Je me promenais dans la forêt** et j'ai trouvé des champignons.
c. Il m'arrive assez fréquemment de parler et de **dormir**.
d. **Je chattais sur le net** et j'ai retrouvé par hasard un ami d'enfance.
e. Tu ne feras des progrès que **si tu fais des exercices**.
f. Il est parti **et il a claqué la porte**.

6. Schreiben Sie das Gegenteil.

Beispiel: Elle l'a aimé. (ne ...guère)
Elle ne l'a guère aimé.

a. La voiture peut avancer et reculer (ne...ni...ni). ______________
b. J'aurais pu imaginer une telle chose (ne...jamais). ______________
c. Nous avons vraiment quelque chose à déclarer (ne...rien).______________
d. On le voit nourrir ses bêtes en ce moment (ne...plus). ______________
e. Faites-vous des illusions! (ne… pas)

____

7. Verneinen Sie den im Fettdruck geschriebenen Satzteil.

Beispiel: J'aimerais **habiter ici**.
J'aimerais ne pas habiter ici.

a. Je pense **la revoir avant Noël**.

____

b. **En oubliant son anniversaire**, tu lui prouveras que tu penses à elle.

____

c. **Je suis certaine** de retrouver facilement le chemin.______________
d. **En tenant parole**, vous perdez la confiance de vos électeurs.

____

e. Sois assuré d'**être dérangé pendant la nuit**. ______________
f. **Sortir de chez toi** n'est pas la meilleure solution. ______________

8. Stellen Sie Fragen nach dem Muster.

Vous demandez ce qu'on mange à midi: Que mange-t-on à midi?

a. Vous demandez pourquoi il ne va plus à l'école: ______________
b. Vous demandez ce qu'ils attendent du gouvernement: ______________
c. Vous demandez à quelle heure la nuit commence à tomber: ______________
d. Vous demandez comment il faudra procéder: ______________

9. Wählen Sie zwischen participe passé und participe présent des Verbs.

a. (Gêner) par les bavardages qui se faisaient de plus en plus fort, il s'arrêta au beau milieu d'une phrase.
b. Je restai là, immobile, (fasciner) par ce spectacle qui s'offrait à moi.
c. (Habiter) près d'une aire d'autoroute, nous recueillons souvent des chiens (abandonner).
d. Il faut avouer que son retard commence à devenir (inquiéter).

DAS PRONOMEN

Die Pronomen sind Fürwörter, d. h. sie stehen für ein bereits genanntes Wort, meistens ein Substantiv oder ein Eigenname. Es gibt Pronomen in adjektivischer Form, z. B. mein Hut, und in substantivischer Form, z. B. der meinige.

1. Das Personalpronomen

Das Personalpronomen (persönliches Fürwort) ersetzt ein vorher genanntes Hauptwort. Es steht in einer der drei grammatikalischen Personen in der Einzahl oder in der Mehrzahl. Die dritte Person Singular und Plural gibt außerdem noch das grammatikalische Geschlecht des ersetzten Substantivs an (*il* – *elle*).

Das verbundene Personalpronomen

Abweichend vom Deutschen gibt es im Französischen ein verbundenes und ein unverbundenes Personalpronomen. Das verbundene Personalpronomen steht immer in Verbindung mit einem Verb.

	Subjekt (1. Fall, Nominativ)		indirekt. Objekt (3. Fall, Dativ)		direktes Objekt (4. Fall, Akkusativ)	
Einzahl	*je*	**ich**	*me*	**mir**	*me*	**mich**
	tu	**du**	*te*	**dir**	*te*	**dich**
	il	**er**	*lui*	**ihm**	*le*	**ihn**
	elle	**sie**	*lui*	**ihr**	*la*	**sie**
Mehrzahl	*nous*	**wir**	*nous*	**uns**	*nous*	**uns**
	vous	**ihr**	*vous*	**euch**	*vous*	**euch**
	ils	**sie**	*leur*	**ihnen**	*les*	**sie**
	elles	**sie**	*leur*	**ihnen**	*les*	**sie**

Subjektpronomen geben eine Antwort auf die Fragen „wer“ oder „was“. Indirekte Objektpronomen beantworten „wem“ etwas gehört. Das direkte Objektpronomen ersetzt den 4. Fall, also „wen“ oder „was“. Die Subjektpronomen stehen im Aussagesatz immer vor dem Verb (1), in der Frage stehen sie jedoch nach dem Verb (2):

(1) *Demain, je vais prendre la voiture.* **Morgen werde ich das Auto nehmen.**
(2) *Parles-tu anglais?* **Sprichst du Englisch?**

Die Objektpronomen stehen sowohl im Aussagesatz (3) als auch in der Frage (4) immer vor dem Verb:

(3) *Je vous cherche partout.*	**Ich suche Sie überall.**
(4) *Les trouves-tu gentils?*	**Findest du sie nett?**

Die Verneinung umschließt das Verb und die davorstehenden Objektpronomen (5):

(5) *Nous ne l'avons pas vu.*	**Wir haben ihn nicht gesehen.**

Beim bejahten Imperativ treten die Objektpronomen hinter das Verb, mit Bindestrich verbunden. *Me* verwandelt sich dabei zu *moi* (6). Beim verneinten Imperativ stehen sie vor dem Verb (7):

(6) *Donne-moi l'argent.*	**Gib mir das Geld.**
(7) *Ne lui donne pas l'argent.*	**Gib ihm das Geld nicht.**

Stehen zwei Objektpronomen vor dem Verb, so gilt folgende Reihenfolge:

me/te *nous/vous*	vor	*le/la* *les*	vor	*lui/* *leur*	vor	*y*	vor	*en*

MERKE:
Es können maximal zwei Pronomen vor dem Verb stehen.

Beim bejahten Imperativ stehen zwei Objektpronomen in folgender Reihenfolge hinter dem Verb: Es folgt zuerst das direkte Objekt und dann das indirekte Objekt (8). Ist eines der beiden Pronomen *en*, so steht zuerst das indirekte Objekt und dann *en* (9):

(8) *Donne-le moi.*	**Gib es mir.**
(9) *Donne-lui en.*	**Gib ihm davon.**

Beim verneinten Imperativ stehen die Pronomen wie im Aussagesatz (10):

(10) *Ne le lui donne pas.*	**Gib es ihm nicht.**

Bei einer Infinitivkonstruktion stehen die Pronomen vor dem Infinitiv (11):

(11) *Tu dois me le montrer.*	Du musst es mir zeigen.

AUSNAHME: Bei den Verben der Wahrnehmung und der Veranlassung stehen sie vor dem konjugierten Verb (12):

(12) *Je la vois arriver.*	Ich sehe sie kommen.
(12) *Je lui fais réparer la radio.*	Ich lasse ihn das Radio reparieren.

Die Pronominaladverbien *en* und *y*

En ersetzt Ortsangaben, die mit *de* eingeleitet sind (1), mit *de* eingeleitete Ergänzungen zu Verben (2), mit *de* eingeleitete Ergänzungen zu Subjekt (3) und Objekt (4) eines Satzes ebenso wie Substantive, die mit Teilungsartikel (5) oder unbestimmten Artikel (6) als direktes Objekt stehen:

(1) *Il vient de Paris.*	Er kommt aus Paris.
Il en vient.	Er kommt daher.
(2) *Tu t'occuperas de cette affaire?*	Wirst du dich um diese Angelegenheit kümmern?
Je m'en occuperai.	Ich kümmere mich darum.
(3) *La serrure de la porte est cassée.*	Das Schloss der Tür ist kaputt.
La serrure en est cassée.	Ihr Schloss ist kaputt.
(4) *Tu aimes les cafés de Paris?*	Magst du die Cafés von Paris?
J'en aime les cafés.	Ich mag seine Cafés.
(5) *Tu veux du thé?*	Magst du Tee?
J'en veux.	Ich möchte welchen.
(6) *Tu as des enfants?*	Hast du Kinder?
J'en ai deux.	Ich habe Zwei.

Y ersetzt Ortsangaben, die mit *à, en, sur, dans etc.* eingeleitet sind, (7) und Verbergänzungen, die mit *à, sur, dans* eingeleitet sind (8), jedoch nicht Personen bezeichnen:

(7) *Tu vas en France?*	Fährst du nach Frankreich?
J'y vais.	Ich fahre dorthin.
(8) *Tu penses aux vacances?*	Denkst du an die Ferien?
J'y pense souvent.	Ich denke oft daran.

Das neutrale *le*

Le in der Bedeutung „es“ ersetzt Satzteile bzw. Sätze, die vorher geäußert wurden (1):

(1) *Veux-tu qu'on l'aide?*	**Willst du, dass wir ihm helfen?**
Je le veux.	**Ich möchte es.**

Im verneinten Satz fehlt *le* häufig (2):

(2) *Daniel est parti?*	**Ist Daniel weg?**
Je ne crois pas.	**Ich glaube (es) nicht.**

Das unverbundene Personalpronomen

Während das verbundene Personalpronomen (→ S. 86) immer in Verbindung mit einem Verb steht, nämlich als dessen Subjekt oder Objekt, steht das unverbundene Personalpronomen allein oder es dient oft zur Hervorhebung einer Person.

Singular		Plural	
moi	**ich**	*nous*	**wir**
toi	**du**	*vous*	**ihr**
lui	**er**	*eux*	**sie**
elle	**sie**	*elles*	**sie**

Das unverbundene Pronomen wird gebraucht:

– allein stehend, d. h. ohne Verb (1):

(1) *Qui a mangé la glace? Moi.*	**Wer hat das Eis gegessen? Ich.**

– zur Betonung einer Person (durch Komma vom restlichen Satz getrennt) (2):

(2) *Moi, j'aime le sport.*	**Ich mag Sport.**

Dabei dürfen in der 3. Person Einzahl und Mehrzahl die verbundenen Pronomen wegfallen (3):

(3) *Lui ne t'aidera pas.*	**Er wird dir nicht helfen.**

– nach *c'est* (4), vor *même* (5) und vor *seul* (6):

(4) *C'est nous.*	**Wir sind es.**
(5) *Lui-même m'a dit cela.*	**Er selbst hat mir das gesagt.**
(6) *Lui seul pourrait nous aider.*	**Er allein könnte uns helfen.**

– nach allen Präpositionen (7):

(7) *Je ne peux pas vivre sans toi.*	**Ich kann nicht ohne dich leben.**

– zur Beschreibung eines Besitzverhältnisses mit der Präposition *à* (8):

(8) *C'est sa voiture à lui.*	**Das ist sein Auto.**

– als indirektes Objekt (3. Fall), wenn *me, te, nous, vous* als direkte Objekte vor dem Verb stehen (9):

(9) *Elle me recommande à eux.*	**Sie empfiehlt mich ihnen.**

– bei Verben, deren Ergänzung mit Präposition *à* nicht durch das verbundene Personalpronomen ersetzt werden kann (10):

(10) *Je pense souvent à lui.*	**Ich denke oft an ihn.**

BEACHTE: Handelt es sich bei den Ergänzungen um Sachen, wird mit *y* ersetzt.

Das Reflexivpronomen

Das Reflexivpronomen (rückbezügliches Fürwort) steht bei Verben, deren Handlung sich auf das Subjekt rückbezieht. Im Französischen werden die indirekten Objektpronomen als Reflexivpronomen verwendet.

je me lave	**ich wasche mich**
tu te laves	**du wäschst dich**
il/elle se lave	**er/sie wäscht sich**
nous nous lavons	**wir waschen uns**
vous vous lavez	**ihr wascht euch**
ils/elles se lavent	**sie waschen sich**

Weitere Informationen zum Reflexivpronomen (→ S. 54).
Das betonte *soi* kann sich nur auf ein unpersönliches Subjekt (z. B. *on, tout le monde, chacun)* beziehen (1):

(1) *chacun pour soi*	**jeder für sich**

2. Das Possessivpronomen

Das Possessivpronomen (besitzanzeigendes Fürwort) zeigt an, wem eine Sache gehört. Es gibt ein adjektivisches und ein substantivisches Possessivpronomen.

Das adjektivische Possessivpronomen

Das adjektivische Possessivpronomen richtet sich in Zahl und Geschlecht nach dem Substantiv, zu dem es gehört:

Singular männlich/weiblich		Plural männlich/weiblich	
mon/ma	**(mein/meine)**	*mes*	**(meine)**
ton/ta	**(dein/deine)**	*tes*	**(deine)**
son/sa	**(sein/ihr)**	*ses*	**(seine/ihre)**
notre	**(unser/unsere)**	*nos*	**(unsere)**
votre	**(euer/eure)**	*vos*	**(eure)**
leur	**(ihr/ihre)**	*leurs*	**(ihre)**

INFOKASTEN

Sa voiture kann also „sein" oder „ihr" Auto bedeuten. Zur Klarstellung kann man *à lui* oder *à elle* hinzufügen (1):

(1) *sa voiture à lui/à elle* — **sein Auto/ihr Auto**

Für die höfliche Anrede verwendet man *votre* und *vos* (2):

(2) *Voilà votre clé, monsieur.* — **Hier ist ihr Schlüssel, mein Herr.**

Vor weiblichen Substantiven, die mit Vokal oder stummen ‚h' beginnen, stehen in der Einzahl die männlichen Formen *mon, ton, son* (3):

(3) *mon amie* — **meine Freundin**

Das substantivische Possessivpronomen

Das substantivische Possessivpronomen richtet sich in Zahl und Geschlecht nach dem Substantiv, das es vertritt (1):

(1) *À qui est ce vélo?*	**Wem gehört dieses Fahrrad?**
C'est le mien.	**Das ist das meinige.**

Singular männlich/weiblich		Plural männlich/weiblich	
le mien/la mienne	**(der/die meinige)**	*les miens/miennes*	**(die meinigen)**
le tien/la tienne	**(der/die deinige)**	*les tiens/tiennes*	**(die deinigen)**
le sien/la sienne	**(der/die seinige)**	*les siens/siennes*	**(die seinigen)**
le/la nôtre	**(der/die unsrige)**	*les nôtres*	**(die unsrigen)**
le/la vôtre	**(der/die eurige)**	*les vôtres*	**(die ihrigen)**
le/la leur	**(der/die ihrige)**	*les leurs*	**(die ihrigen)**

Beziehen sich mehrere Possessivpronomen auf ein Substantiv, so steht eines davon in adjektivischer und eines in substantivischer Form (2):

(2) *votre maison et la nôtre*	**euer und unser Haus**

3. Das Relativpronomen

Das Relativpronomen (bezügliches Fürwort) leitet einen Relativsatz ein (Die Bücher, die auf dem Tisch liegen, sind neu.). Man unterscheidet im Französischen zwischen *qui* (der, die, das), *que* (den, die, das) und *dont* (dessen, deren) einerseits, und *lequel, laquelle* (der, die) andererseits.

Qui

– steht als Subjekt (Satzgegenstand) des Relativsatzes. Es ersetzt sowohl Personen (1) als auch Dinge (2):

(1) *L'homme qui travaille là-bas vient de Paris.*	**Der Mann, der dort arbeitet, kommt aus Paris.**
(2) *Est-ce que c'est la chambre qui est plus chère?*	**Ist das das Zimmer, das teuer ist?**

– steht mit den Präpositionen *à, avec, pour, sans etc.* und ersetzt nur Personen (3):

(3) *Voilà l'homme à qui j'ai donné la clé.*	**Hier ist der Mann, dem ich den Schlüssel gegeben habe.**

Que
– steht als direktes Objekt des Relativsatzes und ersetzt Personen (1) und Dinge (2):

(1) *C'est mon frère que tu vois là-bas.*	**Das ist mein Bruder, den du dort siehst.**
(2) *Où est le stylo que Jean a acheté?*	**Wo ist der Füller, den Jean gekauft hat?**

– ersetzt eine prädikative Ergänzung (3):

(3) *Fou que je suis.*	**Narr, der ich bin.**

Dont ersetzt Ergänzungen mit *de*, die
– von einem Adjektiv oder Verb abhängen (1):

(1) *Il est amoureux d'une jeune fille. Voilà la jeune fille dont il est amoureux.*	**Er ist in ein Mädchen verliebt. Hier ist das Mädchen, in das er verliebt ist.**

– von einem Subjekt oder einem direkten Objekt abhängen (2). Nach *dont* steht dann der bestimmte Artikel:

(2) *Voilà M. Duval. Le fils de M. Duval est coiffeur. Voilà M. Duval dont le fils est coiffeur.*	**Das ist Herr Duval. Der Sohn von Herrn Duval ist Friseur. Hier ist Herr Duval, dessen Sohn Friseur ist.**

INFOKASTEN

Nach *dont* steht immer die regelmäßige Wortstellung: Subjekt – Prädikat – Objekt.

MERKE: *Qui, que* und *dont* sind unveränderlich.

Lequel

– und seine entsprechenden Formen richten sich in Geschlecht und Zahl nach dem Substantiv, das sie ersetzen und haben folgende Formen:

	Einzahl		Mehrzahl	
	männlich	weiblich	männlich	weiblich
1./4. Fall	*lequel*	*laquelle*	*lesquels*	*lesquelles*
2. Fall	*duquel*	*de laquelle*	*desquels*	*desquelles*
3. Fall	*auquel*	*à laquelle*	*auxquels*	*auxquelles*

– und seine entsprechenden Formen stehen als Subjekt des Relativsatzes meist nur dann, wenn Missverständnisse auftauchen können (1):

(1) *Je cherche la femme de M. Dupont, laquelle m'a téléphoné.*	**Ich suche die Frau von Herrn Dupont, die mich angerufen hat.**
(1) *Je connaissais bien le fils de sa voisine, lequel était grand et fort.*	**Ich kannte den Sohn seiner Nachbarin, der groß und stark war, gut.**

– und seine entsprechenden Formen müssen bei den Präpositionen *parmi* und *entre* stehen (2):

(2) *Les invités parmi lesquels se trouvaient deux Américains.*	**Die Gäste, unter denen sich zwei Amerikaner befanden.**
(2) *Deux soeurs entre lesquelles il y a beaucoup de jalousie.*	**Zwei Schwestern, unter denen viel Eifersucht herrscht.**

– und seine entsprechenden Formen können aber ebenfalls mit allen anderen Präpositionen stehen (3):

(3) *Voilà la valise dans laquelle j'ai mis tes affaires.*	**Hier ist der Koffer, in den ich deine Sachen getan habe.**

INFOKASTEN

Lequel wird auch als Interrogativpronomen verwendet (→ S. 97).

4. Das Interrogativpronomen

Man verwendet das Interrogativpronomen (fragendes Fürwort) zur Frage nach Personen und Sachen. Dabei unterscheidet man eine adjektivische (welches Buch?) und eine substantivische (Wer?) Form.

Das adjektivische Interrogativpronomen

Die adjektivische Form des Interrogativpronomens richtet sich in Geschlecht und Zahl nach dem Substantiv, zu dem es gehört:

Einzahl		Mehrzahl	
männlich	weiblich	männlich	weiblich
quel livre	*quelle lampe*	*quels livres*	*quelles lampes*
welches Buch	**welche Lampe**	**welche Bücher**	**welche Lampen**

Das substantivische Interrogativpronomen

Man unterscheidet zwischen den einfachen Frageformen, bei denen Inversion erfolgt, d. h. Subjekt und Verb umgestellt werden (1) (Ausnahme: bei *qui* – wer), und den umschriebenen Formen. Letztere bestehen aus dem Fragefürwort und *est-ce que* (2). Dabei erfolgt keine Inversion.
Hier ein Beispiel: Tu as parlé à ton amie.

(1) ***À qui as-tu parlé?***	**Mit wem hast du gesprochen?**
(2) ***À qui est-ce que tu as parlé?***	**Mit wem hast du gesprochen?**

Frage nach Personen:

	einfache Form		mit *est-ce que* umschriebene Form	
1. Fall	***qui*** (3)	**wer**	***qui est-ce qui*** (3)	**wer**
2. Fall	***de qui*** (4)	**von wem**	***de qui est-ce que*** (4)	**von wem**
3. Fall	***à qui*** (5)	**wem**	***à qui est-ce que*** (5)	**wem**
4. Fall	***qui*** (6)	**wen**	***qui est-ce que*** (6)	**wen**

(3) ***Qui a dit cela?***	**Wer hat das gesagt?**
(3) ***Qui est-ce qui a dit cela?***	
(4) ***De qui rêve-t-elle?***	**Von wem träumt sie?**

(4) *De qui est-ce qu'elle rêve?*	**Von wem träumt sie?**
(5) *À qui écrit-elle?*	**Wem schreibt sie?**
(5) *À qui est-ce qu'elle écrit?*	
(6) *Qui as-tu vu au café?*	**Wen hast du im Café gesehen?**
(6) *Qui est-ce que tu as vu au café?*	

Frage nach Sachen:

	einfache Form		mit *est-ce que* (= umschriebene Form)	
1. Fall			*qu'est-ce qui* (7)	**was**
2. Fall	*de quoi* (8)	**von was**	*de quoi est-ce que* (8)	**von was**
3. Fall	*à quoi*	**woran**	*à quoi est-ce que*	**woran**
4. Fall	*que*	**was**	*qu'est-ce que*	**was**

(7) *Qu'est-ce qui s'est passé?*	**Was ist passiert?**
(8) *De quoi as-tu peur?*	**Wovor hast du Angst?**
(8) *De quoi est-ce que tu as peur?*	**Wovor hast du Angst?**

Vor einem Infinitiv steht *que* (9):

(9) *Que faire?*	**Was (soll man) tun?**

Auch *lequel* wird als Fragepronomen verwendet. Es fragt nach Personen oder Sachen aus einer begrenzten Gruppe (10):

(10) *Pierre ou Michel?*	**Pierre oder Michel?**
Lequel des deux a gagné?	**Welcher der beiden hat gewonnen?**

Das Interrogativpronomen in der indirekten Frage

Neben der direkten Frage gibt es noch eine indirekte Frage, die von einem Verb des Sagens, Denkens oder Fragens abhängt, z. B.: Er fragt, wer den Film gesehen hat.

Frage nach Personen:
In diesem Fall stehen die einfachen Formen und die normale Wortstellung Subjekt – Prädikat (1):

(1) *Il veut savoir de qui tu parles.*	**Er möchte wissen, von wem du sprichst.**

Frage nach Sachen:
Es stehen als Subjekt der indirekten Frage *ce qui* (2) und als direktes Objekt der indirekten Frage *ce que* (3):

(2) *Dis-moi ce qui t'intéresse.*	**Sag mir, was dich interessiert.**
(3) *Dis-moi ce que tu veux faire.*	**Sag mir, was du tun willst.**

Es stehen außerdem die Formen *de quoi* (wovon) (4) und *à quoi* (woran) (5):

(4) *Dites-moi de quoi vous parlez.*	**Sagen Sie mir, wovon Sie sprechen.**
(5) *Il demande à quoi tu penses.*	**Er fragt, woran du denkst.**

5. Das Demonstrativpronomen

Das Demonstrativpronomen (hinweisendes Fürwort) wird verwendet, um auf eine Person oder eine Sache hinzuweisen. Man unterscheidet eine adjektivische und eine substantivische Form.

Das adjektivische Demonstrativpronomen

Das adjektivische Demonstrativpronomen richtet sich in Geschlecht und Zahl nach dem Substantiv, zu dem es gehört (1).

Einzahl		Mehrzahl
männlich	weiblich	männlich/weiblich
(1) *ce garçon* **dieser Junge**	(1) *cette fille* **dieses Mädchen**	(1) *ces garçons* *ces filles*

Die Form *cet* wird bei männlichen Substantiven verwendet, die mit Vokal (2) oder stummen ‚h' (3) beginnen:

(2) *cet anorak*	**dieser Anorak**
(3) *cet homme*	**dieser Mann**

INFOKASTEN

Zur Unterscheidung von näher bzw. weiter entfernten Sachen oder Personen werden *-ci* (4) und *-là* (5) mit Bindestrich an das Substantiv gehängt:

(4) *cette chambre-ci* **dieses Zimmer hier**
(5) *cette chambre-là* **jenes Zimmer da**

Das substantivische Demonstrativpronomen

Die substantivische Form des Demonstrativpronomens richtet sich in Geschlecht und Zahl nach dem Substantiv, das es vertritt:

Einzahl		Mehrzahl	
männlich	weiblich	männlich	weiblich
celui (1)	*celle*	*ceux*	*celles*

(1) *Je prends ce magnétophone.* **Ich nehme dieses Tonband.**
Je prends celui-ci. **Ich nehme dieses da.**

Dabei werden immer *-ci* und *-là* angehängt (2):

(2) *Quelle voiture est-ce que tu préfères?* **Welches Auto ziehst du vor?**
Celle-ci ou celle-là? **Dieses da oder jenes da?**

Folgt dem substantivischen Demonstrativpronomen dagegen ein Relativsatz (3) oder eine Ergänzung mit *de* (4), so fallen *-ci* und *-là* weg:

(3) *Prenez celui qui vous plaît le mieux.* **Nehmen Sie denjenigen, der Ihnen am besten gefällt.**
(4) *Prenez celui de mon mari.* **Nehmen Sie denjenigen meines Mannes.**

INFOKASTEN

Das neutrale *ceci* (dies hier) deutet auf etwas Näherliegendes, *cela* (das da) auf etwas Entfernteres hin (5):

(5) *Ceci est pour vous, cela pour moi.* **Dies ist für Sie, das für mich.**

Cela kann außerdem als neutrales Subjekt vor transitiven Verben (= Verben, die ein direktes Objekt haben) stehen (6):

(6) *Cela vous intéresse?* — **Interessiert Sie das?**

Als neutrales Subjekt zum Verb *être* steht *ce* (7); *il* steht dagegen, wenn eine Ergänzung mit *de* folgt (8):

(7) *Vous partez? C'est dommage.*	**Sie fahren ab? Das ist schade.**
(8) *Il est utile de parler une langue étrangère.*	**Es ist nützlich, eine Fremdsprache zu sprechen.**

6. Die indefiniten Pronomen

Die indefiniten Pronomen (unbestimmte Fürwörter) ersetzen nicht näher bestimmte Personen oder Sachen. Man unterscheidet zwischen adjektivischen und substantivischen indefiniten Pronomen.
Folgende indefinite Pronomen werden nur adjektivisch gebraucht:

chaque	**jeder**	*chaque pays*	**jedes Land**
différent,e	**verschieden**	*différentes positions*	**verschiedene Positionen**
divers,e	**verschieden**	*diverses familles*	**verschiedene Familien**
quelque	**irgendein**	*quelque malheur*	**irgendein Unglück**
quelques	**einige**	*quelques amis*	**einige Freunde**
quelconque	**irgendein x-beliebiger**	*un type quelconque*	**ein x-beliebiger Typ**

Folgende indefinite Pronomen werden nur substantivisch gebraucht:

chacun, chacune	**jeder**	*chacun à son goût*	**jeder nach seinem Geschmack**
ne ... personne	**niemand**		

ne ... rien	nichts		
on	man	*On ne sait jamais.*	Man kann nie wissen.
quelque chose	etwas	*quelqu'un, quelqu'une*	jemand
quelques-uns, -unes	einige	*quiconque*	wer auch immer
qui que	wer auch immer	*quoi que*	was auch immer
quel/quelle que	was auch immer	*l'un l'autre*	einander

INFOKASTEN

In der Umgangssprache steht *on* häufig für *nous* (1): Nach *si* steht statt *on* häufig *l'on* (2):

(1) *On sort ce soir?*	**Gehen wir heute Abend aus?**
(2) *Si l'on savait ...*	**Wenn man wüsste ...**

Folgende indefiniten Pronomen werden sowohl adjektivisch als auch substantivisch gebraucht:

autre,s (3)	**anderer**
certain,e (4)	**gewisse, einige**
même,s (5)	vorgestellt: **derselbe, dieselbe** nachgestellt: **selbst** als Adverb: **sogar**
tel, telle (6)	**solcher, solche**

(3) *les autres grévistes*	**die anderen Streikenden**
Voilà les autres.	**Hier sind die anderen.**
(4) *certains journalistes*	**gewisse Journalisten**
Certains disent ...	**Einige sagen ...**
(5) *les mêmes gens*	**dieselben Leute**
Il n'est plus le même.	**Er ist nicht mehr derselbe.**

(5) *Je l'ai vu moi-même.*	**Ich habe ihn selbst gesehen.**
même le roi	**sogar der König**
(6) *une telle surprise*	**eine solche Überraschung**
Monsieur un tel	**ein Herr Soundso**

Tous, tout ist das Pronomen zum Ausdruck einer Gesamtheit:

	männlich		weiblich	
Einzahl	*tout le village*	**das ganze Dorf**	*toute la famille*	**die ganze Familie**
Mehrzahl	*tous les amis*	**alle Freunde**	*toutes les femmes*	**alle Frauen**

INFOKASTEN

Tout,e kann sowohl mit Artikel (7) als auch ohne Artikel (8) stehen:

(7) *toutes les femmes* — **alle Frauen, jede Frau**
(8) *toute femme* — **jede Frau**

Tout bedeutet außerdem allein stehend: alles (9):

(9) *C'est tout?* — **Ist das alles?**

Ist *tout,e* direktes Objekt eines Satzes, so wird ein entsprechendes Objektpronomen dazugesetzt (10):

(10) *Je les connais tous.* — **Ich kenne sie alle.**

Tout, toute (ganz) als Adverb: Dabei steht die Form *tout* vor Adjektiven, die mit Selbstlaut (Vokal) oder stummen ‚h' beginnen (11). *Toute* steht vor allen anderen Adjektiven (12):

(11) *Elle est tout heureuse.*	**Sie ist ganz glücklich.**
(12) *Elle est toute surprise.*	**Sie ist ganz überrascht.**

ÜBUNGEN: PRONOMEN

1. Ersetzen Sie was möglich ist durch ein Personalpronomen.

Ma mère arrose les fleurs le soir.
Elle les arrose le soir.

a. Ta cousine plaît beaucoup à mon collègue.
b. Je te rendrais volontiers ce service, mais j'ai promis à ma sœur de passer la journée avec elle et ses amies.
c. Jacques et moi avons reçu les Durant très chaleureusement.
d. Tes amis et toi devriez surveiller votre langage!
e. Le médecin a téléphoné ce matin à tes parents pour annoncer les résultats des analyses.

2. Beantworten Sie die Fragen und verwenden Sie dabei en und y.

Vous prendrez des photos quand vous serez à la montagne?
Oui, nous en prendrons quand nous y serons.

a. Elle n'a pas assez d'argent pour aller au cinéma? Non, ____________
b. Tu ne penses plus à cette histoire? Non, ____________
c. As-tu parlé de ton problème à quelqu'un d'autre? Oui, ____________
d. A-t-on besoin d'un passeport pour aller à la Martinique? Non, ____________
e. Votre père allait-il régulièrement au casino? Oui, ____________
f. Puis-je prendre du gâteau au chocolat? Oui, ____________

3. Ergänzen Sie mit einem unverbundenen Pronomen.

a. Mon mari aime la ville, mais ____ , je préfère la campagne.
b. Ce soir, je sors avec Julien. – Ah bon, tu sors avec ____ !
c. Regarde, il y a Anne et Lucas. Ils ont été invités ____ aussi.
d. Qui de Florence et Jacques fera le premier pas. ____ ou ____ ?
e. Quand on fait les choses ____ -même, on est sûr d'être satisfait!

4. Bilden Sie die Sätze wie im Beispiel.

Il y a des clés sur la table. Cathy cherche justement ses clés. Ce sont sûrement les siennes.

a. Il y a une écharpe sur la table. Je cherche justement ____________
b. Il y a des lunettes sur le bureau. Le directeur cherche ____________
c. Il y a des billets de train dans le tiroir. Nous cherchons ____________
d. Il y a des chaussures sur le pallier. Mes filles cherchent ____________
e. Il y a un ballon dans l'herbe. Vous cherchez ____________

f. Il y a une copie posée par terre. Tu cherches ____________________

5. Ergänzen Sie mit einem Relativpronomen.

a. La robe _________ tu m'as donnée est trop longue pour moi.
b. Le magasin _________ tu penses a fermé depuis bien longtemps.
c. Gourmand _________ il est, il a tout de suite sympathisé avec Romuald _________ le père est pâtissier.
d. La jeune fille contemplait tous ces hommes parmi _________ se trouvait celui à qui elle serait mariée.

6. Stellen Sie zum unterstrichenen Satzteil eine Frage. Schreiben Sie zuerst die einfache Form und dann die est-ce que-Form.

Beispiel: Elle a peur des souris. De quoi a-t-elle peur? De quoi est-ce qu'elle a peur?

a. Romain va conduire. ___________
b. J'offre un CD à ma sœur. ________
c. Il n'a téléphoné à personne. ______
d. Il faut prévenir ma mère. _________

7. Ergänzen Sie mit einem Demonstrativpronomen.

a. Allez, tu peux recommencer. Mais applique-toi ___ fois ___ !
b. Quels sont ___ qui n'ont jamais pris l'avion?
c. ___ jupe te va très bien, mais tu devrais essayer ___ que nous avons vue en vitrine.
d. Si tu devais changer de téléphone mobile, prendrais-tu ___ ou ___ ?
e. Je ne pense pas qu'il soit capable de ___.

8. Ergänzen Sie mit quelques, plusieurs, certains, chaque, chacun, différents, wenn möglich.

a. Je prends des cours de tennis ___ fois par semaines.
b. ___ médicaments ont des effets secondaires gênants.
c. Nous avons ___ modèles à vous proposer.
d. Ne poussez pas! ___ son tour!
e. Dans cette maison, il y a une télévision dans ___ pièce.

9. Ergänzen Sie mit tout, toute, tous, toutes.

a. J'ai lu ___ les livres de Zola.
b. ___ les enfants étaient venus accompagnés de leurs parents, sauf le petit Louis qui était ___ seul.
c. Bonjour à ___ et à ___ !
d. Elle s'est couchée ___ habillée, tant elle était fatiguée.
e. Si ___ le monde est content, c'est vraiment parfait!

DIE KONJUNKTIONEN

Man unterscheidet beiordnende Konjunktionen (Bindewörter), die zwei gleichwertige Sätze miteinander verbinden, und unterordnende Konjunktionen, die einen Haupt- und einen Nebensatz verknüpfen.

Beiordnende Konjunktionen:

et	– **und,**
mais	– **aber, jedoch**
ou	– **oder**
car	– **denn (in geschriebener Sprache)**
donc	– **so, also**
ni	– **noch**
ni … ni	– **weder … noch**
or	– **um, aber**

Unterordnende Konjunktionen:

afin que – **damit + subjonctif**
(Bei gleichem Subjekt im Haupt- und Nebensatz wird eine Infinitivkonstruktion mit *afin de* vorgezogen).
alors que – **wohingegen, während** (als Gegensatz)
à moins que ... ne – **sofern nicht**
– **außer + subjonctif**
à peine ... que – **kaum + Inversion**
après que – **nachdem**
(Bei gleichem Subjekt im Haupt- und Nebensatz wird eine Infinitivkonstruktion vorgezogen.)
au cas où – **falls + Konditional**
aussitôt que – **sobald**
avant que – **bevor + subjonctif**
(Bei gleichem Subjekt im Haupt- und Nebensatz wird eine Infinitivkonstruktion vorgezogen.)
bien que – **obwohl + subjonctif**
comme – **da, weil** (steht nur am Satzanfang)

de façon que, de sorte que – **so dass** (stehen mit Indikativ, wenn es sich um eine tatsächliche Folge handelt; mit subjonctif, wenn es sich um eine gewünschte Folge handelt)
depuis que – **seitdem**
dès que – **sobald** (in der Vergangenheit mit passé antérieur)
jusqu'à ce que – **bis + subjonctif**
jusqu'au moment où – **bis**
lorsque – **als + passé composé/passé simple**
– **wenn + présent/imparfait/futur**

Que kann auch dazu verwendet werden, eine andere vorausgehende Konjunktion zu wiederholen, vor allem die Konjunktion *si*. Dabei steht dann in dem mit *que* eingeleiteten Teilsatz subjonctif.

que – **dass, damit**
– **ob + subjonctif**
parce que – **weil**
pendant que – **während**
pour que – **damit + subjonctif**
pourvu que – **vorausgesetzt, dass + subjonctif**
puisque – **da**
quand – **immer wenn + passé composé**
– **als + passé simple**
quoique – **obwohl, obgleich + subjonctif**
sans que – **ohne dass + subjonctif**
si – **wenn, falls** (leitet Bedingungssätze ein)
tandis que – **wohingegen, während** (als Gegensatz)
tant que – **so lange als**

ÜBUNGEN: KONJUNKTIONEN

1. Tragen Sie die richtige beiordnende Konjunktion ein.

a. Il a très faim ___ il n'a pas du tout mangé à midi.
b. Veux-tu que nous sortions ___ préfères-tu rester à la maison?
c. Elle est malade, ___ elle va quand même au cinéma.
d. Nicolas passe son tour, ___ c'est à moi de jouer.
e. Les enfants s'amusent ___ les parents se reposent.
f. Il ne fait ___ trop chaud ___ trop froid : la température est idéale.
g. Elle veut que j'aille la chercher à l'aéroport, ___ ma voiture est en panne: elle devra prendre un taxi.

2. Tragen Sie die passende Konjunktion ein: dès que, à peine ... que, comme, après que, pendant que, jusqu'au moment où, depuis que, parce que, falls möglich.

a. Nous quitterons la table ___ nous aurons fini de manger.
b. ___ tu n'avais rien dit, nous avons pensé que tu étais d'accord.
c. Je prends toujours une douche ___ avoir fait du sport.
d. Le Père Noël est passé ___ vous dormiez.
e. La vie est bien triste ___ tu es parti.
f. Ils trouvaient le jeu très amusant ___ la branche craqua.

3. Schreiben Sie die Sätze fertig.

a. Nous resterons avec toi jusqu'à ce que tu (aller mieux).
b. Les deux fillettes ont quitté la salle de classe sans que l'institutrice (s'en apercevoir).
c. Voici un double des clés au cas où tu (vouloir sortir).
d. J'ai préparé cette mousse au chocolat hier de sorte qu'elle (être bien ferme) aujourd'hui.
e. As-tu bien regardé à gauche et à droite avant que tu (traverser) la route?
f. Bien que Marie-Jeanne (être) professeur de musique, aucun de ses enfants ne joue d'un instrument.
g. Que faut-il faire pour qu'il (bien vouloir) nous pardonner?

4. Verbinden Sie die Sätze mit parce que, comme oder puisque.

a. Elle n'est pas allée chez David ___ elle se sentait un peu grippée.
b. ___ j'ai été absent pendant plusieurs semaines, je ne suis plus au courant de rien.
c. Apporte le dessert, s'il te plaît, ___ tu vas dans la cuisine.

d. ___ il y a des travaux dans le quartier, il y a souvent des embouteillages en ce moment.
e. J'arrête de parler ___ personne ne m'écoute.
f. Je n'ai pas pu venir ___ j'avais une réunion.

5. Gebrauchen Sie den Indikativ, den Subjunktiv oder eine Infinitivkonstruktion.

a. Nous nous sommes couchés relativement tôt hier soir, de sorte que ce matin nous (être) en bonne forme.
b. Les enfants durent rester immobiles quelques instants afin que nous (pouvoir) les compter.
c. Il faut que tout le monde se serre un peu plus, de façon que tout le monde (être) sur la photo.
d. On devait s'asseoir au premier rang afin qu'on (entendre) ce que disait le professeur.
e. Je veux aller à l'école bien que j' (avoir) de la fièvre.
f. Tandis que tous les deux (avoir) les yeux marrons, Marie et Pierre ont fait un bébé aux yeux bleus.

6. Finden Sie die richtige Lösung.

a. Quelqu'un doit rester à la maison si / au cas où / jusqu'à ce que les enfants arriveraient plus tôt que prévu.
b. J'avais fait beaucoup de bruit pour que / quand / et il me remarquât.
c. Quand / Pendant que / Si on coucha le bébé, il se mit à pleurer.
d. Depuis que / Sans que / Si ses enfants étaient partis faire leurs études, elle se sentait bien seule.
e. Depuis que / Si / Comme tu le souhaitais, nous irions au cinéma.

7. Finden Sie die richtige Zeitform.

a. Quand il arriva, la soirée (pouvoir) enfin commencer.
b. Quand il avait fini de déjeuner, il (faire) une petite sieste digestive.
c. Quand elle se maria, elle (ne pas avoir) vingt ans.
d. Quand ils eurent assez joué, ils (rentrer) tous chez eux.
e. Quand je compris ce qui s'était passé, je (se mettre) en colère.

8. Ergänzen Sie mit si bien que, pour que, alors que.

a. Le professeur a expliqué la leçon très clairement ___ tout le monde l'a comprise.
b. Nous nous connaissons depuis assez longtemps ___ tu saches que tu peux me faire confiance.
c. Mélanie monte dans le bus scolaire ___ sa mère doit venir la chercher en voiture.
d. Nous avons installé les enfants au premier rang ___ ils puissent bien voir le spectacle.

DIE PRÄPOSITIONEN

Im Folgenden werden die wichtigsten Präpositionen (Verhältniswörter) und Präpositional-Ausdrücke (= aus mehreren Wörtern bestehend) aufgeführt:

à – **örtlich: in nach bei auf, von ... entfernt/zeitlich: um, an, zu bei, bis, in**
à cause de – **wegen**
à côté de – **neben, außer** (einschließend)
à défaut de – **mangels**
à partir de – **von ... an**
après – **zeitlich: nach/Reihenfolge: nach**
à travers – **quer durch**
au-delà de – **jenseits von, auf der anderen Seite**
au-dessous de – **unter, unterhalb**
au-dessus de – **über, oberhalb**
au lieu de – **anstatt, anstelle von**
au milieu de – **inmitten, mitten in**
auprès de – **nahe bei, an bei** (mit Personen)
autour de – **um ... herum**
avant – **zeitlich: vor/Reihenfolge: vor**
avec – **mit**
chez – **bei** (mit Personen)
contre – **gegen, wider, an**
dans – **örtlich: in, auf an**
dans – **zeitlich: in** (Aspekt Zukunft)
d'après – **nach, gemäß**
de – **örtlich: von, aus**
– **zeitlich: von**
– **sonst: aus** (Material), **auf, mit** (Art und Weise)
– **vor/bei vielen zusammengesetzten Substantiven**
depuis – **seit**
derrière – **hinter**
dès – **seit, von ... an**
devant – **örtlich: vor**
en – **örtlich bei Ländern:in, nach, im**

En wird mit ‚mit' (bei Transportmitteln), mit ‚auf' (bei Sprachen), mit ‚aus' (Material), mit ‚in' (Zustand), mit ‚als' (in der Eigenschaft von) übersetzt.

en dépit de – **trotz**
en face de – **gegenüber von**
entre – **zwischen, unter** (bezieht sich auf zwei oder mehrere Personen oder Dinge, die derselben Gemeinschaft angehören)
envers – **gegen, gegenüber** (drückt eine Haltung aus)
excepté – **außer** (ausschließlich)
faute de – **mangels**
grâce à – **dank**
hors de – **außerhalb, außer**
il y a – **vor** (von jetzt an zurückgerechnet)
jusque – **bis** (zeitlich und örtlich)
au long de – **entlang**
malgré – **trotz**
outre – **außer** (einschließend)
par – **örtlich: durch, über, in**
– **zeitlich: an, bei**
– **sonst: mit (Mittel) beim Passiv: von**
par-dessus – **über ... hinweg**
parmi – **unter, zwischen** (bezieht sich auf mehr als zwei Personen oder auch Dinge)
pendant – **während**
pour – **für, wegen, zu**
près de – **nahe bei**
quant à – **was ... betrifft**
sans – **ohne**
sauf – **außer** (ausschließlich)
selon – **nach, gemäß**
sous – **unter**
suivant – **gemäß, entsprechend**
sur – **örtlich: auf, über**
vers – **örtlich: gegen/zeitlich: gegen**

ÜBUNGEN: PRÄPOSITIONEN

1. Ergänzen Sie mit à cause de oder grâce à und verwenden Sie eine Kontraktion, wenn nötig.

a. La rencontre a été interrompue ___ la pluie.
b. ___ Internet, on peut communiquer avec des gens qui sont à l'autre bout du monde.
c. Nous avons mal heureusement raté notre correspondance ___ le retard de notre train.
d. Elle a gardé espoir jusqu'au bout ___ le soutien de ses proches.
e. ___ tes conseils, j'ai perdu une grosse somme d'argent aux courses de chevaux.

2. Ergänzen Sie mit quand oder quant.

a. ___ il n'a pas envie de faire quelque chose, il ne le fait pas!
b. ___ à la suite, vous la connaissez tout comme moi.
c. ___ il s'agit d'aller boire un verre, il répond toujours présent.
d. Nous nous occupons des courses, ___ à toi, tu n'as qu'à aider Rémi à installer les tables et les chaises.
e. ___ on veut, on peut.

3. Haben diese Behauptungen Sinn und Kohärenz?

a. Le Petit Poucet retrouva le chemin de la maison grâce aux petits cailloux qu'il avait semés: ____
b. La Terre tourne autour du Soleil en 365 jours et 6 heures: ____
c. Le véhicule suspect se dirige envers le nord de la ville: ____

4. Ergänzen Sie die Sätze nach folgendem Muster:
Je vais en Italie en voiture.

a. À marée basse, certains ___ ___ mont Saint-Michel ___ pied.
b. Chaque année, des pèlerins ___ ___ Saint-Jacques-de-Compostelle ___ vélo.
c. On ___ généralement ___ États-Unis ___ avion, mais on peut aussi y aller __ bateau.

5. Ergänzen Sie mit à, de, jusqu'à, à partir de, entre, parmi.

a. Le supermarché est ouvert ___ 9 heures ___ 20 heures.
b. Nous restons ___ Paris ___ lundi prochain.
c. Cet hôtel est fermé chaque année ___ la Toussaint et Noël.
d. Il est assis ___ la table des mariés, ___ les deux témoins.
e. ___ ces trois réponses, laquelle vous semble juste?

f. S'il faut choisir ___ la ville et la campagne, je préfère la campagne.

6. Ergänzen Sie mit du, de, d', à, en, au.

a. Ces informaticiens ne viennent pas ___ Pakistan, mais ___ Inde.
b. Nous allons passer quelques jours ___ Bretagne.
c. Je confonds toujours Bucarest et Budapest: quelle est la capitale ___ la Roumanie ?
d. Bons baisers ___ Floride, où le temps est magnifique.
e. Certains trouvent inutile de passer leurs vacances ___ l'étranger alors qu'il y a des endroits merveilleux ___ France.

7. Tragen Sie die fehlenden Präpositionen ein.

a. N'insiste pas! Il est ___ question que tu sortes seule à ton âge.
b. Il n'est pas sorti de chez lui _____ trois jours. Peut-être est-il lui aussi tombé malade?
c. ___ erreur de ma part, nous devrions bientôt survoler le Sahara.
d. Par ce beau temps, tu ferais bien d'aller dehors ___ rester enfermé à regarder la télévision.
e. Vous n'allez tout de même pas roulé de nuit ___ phares !
f. Nous nous sommes rencontrés ___ un an jour pour jour.

8. Bilden Sie Sätze nach dem Muster.

Nous organisons une fête. Vous êtes invités à la fête.
Nous organisons une fête à laquelle vous êtes invités.

a. Mon oncle a un gros chien. Il ne sort jamais sans ce chien.
b. Ils possèdent une maison de campagne. Ils passent toutes leurs vacances dans cette maison.
c. Jean-Yves a réalisé un film. Pour ce film, il a obtenu un prix à Cannes.
d. Le fauteuil en cuir est confortable. Je suis assis dans ce fauteuil.
e. La femme est mariée. Il s'intéresse à cette femme.

9. Ergänzen Sie mit pendant oder pendant que.

a. ___ tu t'amusais, je travaillais, moi!
b. Ceux qui n'ont pas terminé l'exercise peuvent le faire ___ la récréation.

10. Ergänzen Sie mit dès, dès que oder depuis que.

a. ___ nous habitons à la campagne, les enfants sont moins souvent malades.
b. Vous pouvez commencer le traitement ___ aujourd'hui.
c. Nous lèverons le camp ___ nous en aurons reçu l'ordre.

1. Die Grundzahlen

0 *zéro*
1 *un*
2 *deux*
3 *trois*
4 *quatre*
5 *cinq*
6 *six*
7 *sept*
8 *huit*
9 *neuf*
10 *dix*
11 *onze*
12 *douze*
13 *treize*
14 *quatorze*
15 *quinze*
16 *seize*
17 *dix-sept*
18 *dix-huit*
19 *dix-neuf*
20 *vingt*
21 *vingt et un*
22 *vingt-deux*
23 *vingt-trois*
24 *vingt-quatre*
30 *trente*
31 *trente et un*
40 *quarante*
50 *cinquante*
60 *soixante*
70 *soixante-dix*
71 *soixante et onze*
72 *soixante-douze*
73 *soixante-treize*
74 *soixante-quatorze*
80 *quatre-vingts*
81 *quatre-vingt-un*
82 *quatre-vingt-deux*
83 *quatre-vingt-trois*
90 *quatre-vingt-dix*
91 *quatre-vingt-onze*
92 *quatre-vingt-douze*
99 *quatre-vingt-dix-neuf*
100 *cent*
101 *cent un*
110 *cent dix*
200 *deux cents*
201 *deux cent un*
210 *deux cent dix*
289 *deux cent quatre-vingt-neuf*

1000 *mille*
1001 *mille un*
1200 *mille deux cents*
1238 *mille deux cent trente-huit*
2 000 *deux mille*
10 000 *dix mille*
1 000 000 *un million*
2 000 000 *deux millions*
2 240 792 *deux millions deux cent quarante mille sept cent quatre-vingt-douze*

le milliard die Milliarde

Zwischen Zehnern und Einern steht ein Bindestrich; nicht jedoch bei *vingt et un, trente et un, soixante et onze etc.*

Folgen auf *quatre-vingts* und *cents* noch Zahlen, so fällt das *-s* weg. Bei Jahreszahlen entfällt das *-s* ebenfalls: *en* 1800 = *en mille huit cent.*

Mille steht grundsätzlich immer ohne *-s*. Bei Jahreszahlen steht *mil*: *en* 1910 = *en mil neuf cent dix.*

Bildung des Datums

Zur Angabe des Datums im Französischen werden Grundzahlen verwendet (1). Der Erste eines Monats wird aus der Ordnungszahl gebildet (2):

(1) *le trois mai*	**der 3. Mai**
(1) *le 22 avril*	**der 22. April**
(2) *le premier mars*	**der erste März**

MERKE:

Le combien sommes-nous?	**Den Wievielten haben wir heute?**

2. Die Ordnungszahlen

1	*le premier* – **der Erste**	**20**	*le/la vingtième*
1	*la première* – **die Erste**	**21**	*le/la vingt et unième*
2	*le/la deuxième* oder	**80**	*le/la quatre-vingtième*
	le second, la seconde	**90**	*le/la quatre-vingt-dixième*
3	*le/la troisième*	**100**	*le/la centième*
4	*le/la quatrième*	**1000**	*le/la millième*
200	*le/la deux-centième*		

MERKE:
Mit Ausnahme von *le premier* und *le second* werden die Ordnungszahlen durch Anhängen von *-ième* gebildet. Die Ordnungszahlen werden mit hochgestelltem *e* abgekürzt (außer bei *le premier* und *le second*).

MERKE:
Le second wird immer verwendet, wenn insgesamt nur zwei Personen oder Sachen vorhanden sind.

3. Die Bruchzahlen

1/2 *un demi*	1/5 *un cinquième*
1/3 *un tiers*	1/6 *un sixième*
2/3 *deux tiers*	2/6 *deux sixièmes*
1/4 *un quart*	1 1/2 kg *un kilo et demi*

4. Die Uhrzeiten

Il est une heure.	Es ist 1.00 Uhr.
Il est deux heures cinq.	Es ist 2.05 Uhr.
Il est trois heures et quart.	Es ist 3.15 Uhr.
Il est une heure et demie.	Es ist 1.30 Uhr.
Il est cinq heures moins le quart.	Es ist 4.45 Uhr.
Il est six heures moins dix.	Es ist 5.50 Uhr.
Il est midi.	Es ist 12.00 Uhr mittags.
Il est minuit.	Es ist 12.00 Uhr nachts.
Il est vingt-deux heures.	Es ist 22.00 Uhr.
Il est midi et demi.	Es ist 12.30 Uhr.
Quelle heure est-il?	Wie spät ist es?
un quart d'heure	eine Viertelstunde
une demi-heure	eine halbe Stunde
trois quarts d'heure	eine drei viertel Stunde
une heure et demie	eineinhalb Stunden
Il est trois heures précises.	Es ist genau 3 Uhr.
vers cinq heures	gegen 5 Uhr
à six heures	um 6 Uhr

Hier ein praktisches Beispiel:

Il est arrivé à cinq et demie, avec plus d'une demi-heure de retard, et il est reparti à sept quinze précises.

5. Die Vervielfältigungszahlen

simple	einfach
double	doppelt
triple	dreifach
quadruple	vierfach

INFOKASTEN

Man verwendet in erster Linie *simple, double* und *triple.* Danach findet sich häufig *quatre fois autant* (vierfach) oder *cinq fois autant* (fünffach) etc.

6. Die Zahladverbien

Zahladverbien werden durch die Anhängung von *-ment* an die Ordnungszahl gebildet. Sie werden bei Aufzählungen verwendet:

première – premièrement	(erstens)
deuxième – deuxièmement	(zweitens)
troisième – troisièmement	(drittens)
quatrième – quatrièmement	(viertens)
cinquième – cinquièmement	(fünftes)
septième – septièmement	(siebtens) etc.

ÜBUNGEN: DAS ZAHLWORT

1. Schreiben Sie in Zahlen.

a. soixante-quatorze
b. quinze
c. neuf cent quatre-vingt-dix-neuf virgule (,) quatre-vingt-dix-neuf
d. trois cent trente-deux
e. vingt et un mille cinquante-neuf
f. quatre-vingt-dix
g. cent soixante-dix
h. un million cent vingt-sept mille huit cent quatre
i. sept cent seize
j. mille un
k. deux millions neuf cents
l. trois mille deux
m. cent vingt-trois virgule (,) douze
n. cent vingt mille six cent onze
o. cent onze
p. mille vingt-trois

2. Schreiben Sie in Buchstaben.

a. 17
b. 202
c. 2 003
d. 40 400
e. 357 836
f. 12 320 021
g. 10 098
h. 47,14
i. 365
j. 12 013
k. 909
l. 1 234

3. Finden Sie jedes fehlende s.

a. deux cent_ vingt_
b. quatre million_ trois cent_ mille_ neuf cent_
c. dix milliard_ deux cent_ million_ cinq cent_ quatre-vingt_ mille_
d. mille_ six cent_
e. mille_ cent_ quatre-vingt_
f. six cent_ quatre-vingt_-six
g. quatre mille_ cent_

4. Schreiben Sie das Geburtsdatum der folgenden Persönlichkeiten wie folgt:

Marcel Proust (10/07/1871) : Marcel Proust est né au dix-neuvième siècle, très exactement le dix juillet mille huit cent soixante et onze.

a. Marilyn Monroe (01/06/1926)
b. Luther (10/11/1483)
c. Frank Kafka (03/07/1883)
d. Le premier enfant de Claudia Schiffer (30/01/2003)

5. Ergänzen Sie die Sätze wie im Muster:

Dans une année, il y a douze mois.

a. Dans un mois, ____________ semaines.
b. Dans une semaine, ____________ jours.
c. Au mois de février, ____________

ou __________ jours.

d. Dans un jour, ______________ heures.

e. Dans une heure, ____________ minutes.

f. Dans une minute, ___________ secondes.

g. Dans une heure, ____________ secondes.

h. Dans deux kilos et demi, _______ livres.

i. Dans un marathon, __________ kilomètres.

j. Dans un hectare, ____________ mètres carrés.

6. Sagen Sie die Zeit an (manchmal gibt es zwei Möglichkeiten).

Beispiel: 7h15: il est sept heures quinze/il est sept heures et quart.

a. 9:40
b. 15:10
c. 6:30
d. 18:17
e. 3:55
f. 8:25
g. 7:35
h. 0:15
i. 14:12
j. 23:59
k. 2:45

7. Ergänzen Sie den folgenden Text mit Grund- und Ordnungszahlen und Zahladverbien.

a. Le cinéma est aussi appelé le ______ art.

b. Neil Amstrong et Edwin Aldrin furent les _______ hommes à marcher sur la Lune.

c. Je n'irai pas au cinéma avec vous pour les _______ raisons suivantes: _______, ma voiture est en panne; _______, j'ai la grippe; _______, j'ai déjà vu ce film.

d. La pyramide de Khéops est l'____ des _______ Merveilles du Monde.

e. Dans cette famille, j'ai toujours l'impression d'être la _______ roue du carrosse.

f. La __________ République en France a duré __________ ans, de 1946 à 1958.

8. Lösen Sie die Rätsel.

a. Damien a 20 ans, Bruno en a le double. Quel est l'âge de Vincent sachant qu'à tous les trois, ils totalisent trois quarts de siècle?

b. Nous avons fait 54 kilomètres et nous sommes exactement à la moitié du parcours. Quelle est la longueur du parcours?

c. Chef, je gagne 1000 euros par mois et même si vous tripliez mon salaire, celui-ci ne représenterait toujours que la moitié du vôtre. Quel est le salaire mensuel du chef?

d. Il me manque 10 centilitres de lait pour en avoir un quart de litre. Quelle quantité en ai-je?

1. Der Aussagesatz

Die Wortstellung

Im Aussagesatz herrscht immer die Wortstellung Subjekt – Prädikat – Objekt, auch wenn ein Adverb steht (1) oder es sich um einen Nebensatz handelt (2):

(1) *Hier j'ai rencontré Suzanne.*	**Gestern habe ich Suzanne getroffen.**
(1) *Il a toujours sa voiture.*	**Er hat immer noch sein Auto.**
(2) *Il répétait qu'il voulait voir le chef.*	**Er wiederholte, dass er den Chef sehen wollte.**
(2) *Tu sais que j'ai perdu mes clés.*	**Du weißt, dass ich meine Schlüssel verloren habe.**

Stehen zwei Objekte, so tritt das direkte Objekt (4. Fall, Akkusativobjekt) vor das indirekte Objekt (3. Fall, Dativobjekt) (3):

(3) *Le concierge a donné la clé à votre femme.*	**Der Hausmeister hat Ihrer Frau den Schlüssel gegeben.**
(3) *J'ai offert ce livre à Valérie.*	**Ich habe dieses Buch Valerie geschenkt.**

Inversion (= Umstellung von Subjekt und Verb) erfolgt:
– bei *à peine ... que* (4) (kaum) und den Adverbien *du moins* (5) (zumindest), *ainsi* (deshalb), *aussi* (deshalb) und *sans doute* (zweifellos), bei einem Wunsch (6), im Ausruf (7) und bei in die direkte Rede eingeschobenen Sätzen (8):

(4) *À peine eut-il posé cette question que Pierre rougit.*	**Kaum hatte er diese Frage gestellt, als Pierre errötete.**
(5) *Du moins pourrais-tu nous donner son adresse.*	**Zumindest könntest du uns seine Adresse geben.**
(6) *Vive la France!*	**Es lebe Frankreich!**
(7) *Es-tu gentil!*	**Bist du nett!**

(8) *Tu es d'accord, demanda-t-il.*	**Bist du einverstanden, fragte er.**

In allen diesen Fällen muß es sich bei dem Subjekt immer um ein Pronomen handeln (Ausnahme: *Vive...*/Es lebe hoch...).

Die Hervorhebung eines Satzteiles

C'est ... qui (1) hebt das Subjekt eines Satzes hervor, *c'est ... que* hebt andere Satzteile eines Satzgefüges hervor (2):

(1) ***Mireille a raison.***	**Mireille hat Recht.**
C'est Mireille qui a raison.	
(2) ***Je cherche la secrétaire.***	**Ich suche die Sekretärin.**
C'est la secrétaire que je cherche.	

INFOKASTEN

Zur Betonung kann man einen Satzteil auch an den Satzanfang (3) oder an das Satzende (4) stellen:

(3) ***Ce garçon, je le trouve très gentil.***	**Diesen Jungen finde ich sehr nett.**
(4) ***Il est très gentil, ce garçon.***	**Er ist sehr nett, dieser Junge.**
(3) ***Ce tableau, c'est vraiment le plus beau.***	**Dieses Bild ist wirklich das schönste.**
(4) ***C'est vraiment le plus beau, ce tableau.***	**Es ist wirklich das schönste, dieses Bild.**

2. Der Fragesatz

Man unterscheidet drei Möglichkeiten, die Frage zu bilden: die Intonationsfrage, die Frage mit *est-ce que* und die Inversionsfrage.

Die Intonationsfrage

Die Wortstellung des Aussagesatzes bleibt hier erhalten. Man erkennt nur an der steigenden Satzmelodie, daß es sich um eine Frage handelt (vor allem in gesprochener Sprache üblich) (1):

(1) *Tu as acheté ce disque?*	**Hast du diese Platte gekauft?**
(1) *Il est venu te voir, hier?*	**Ist er gestern gekommen, um dich zu besuchen?**

Die Frage mit est-ce que

Die Wortstellung des Aussagesatzes bleibt erhalten. Man stellt *est-ce que* an den Satzanfang. Diese Frageform ist sehr häufig (1):

(1) *Est-ce que tu as acheté ce disque?*	**Hast du diese Platte gekauft?**

Fragewörter wie *comment, pourquoi, quand etc.* stehen vor *est-ce que* (2):

(2) *Pourquoi est-ce que tu as acheté ce disque?*	**Warum hast du diese Platte gekauft?**

Die Inversionsfrage

Subjekt und Verb werden umgestellt. Das ist jedoch nur möglich, wenn das Subjekt ein Pronomen ist (4):

(4) *Peux-tu m'aider?*	**Kannst du mir helfen?**
(4) *Sommes-nous en retard?*	**Haben wir Verspätung?**

Handelt es sich um ein kurzes Verb oder folgt dem Verb in der Frage ein direktes Objekt, so ist die Inversion auch möglich, wenn das Subjekt ein Substantiv ist (5):

(5) *Où va Paul?*	**Wohin geht Paul?**
(5) *Que va dire ta mère?*	**Was wird deine Mutter sagen?**

Die absolute Fragekonstruktion

Die absolute Fragekonstruktion mit Inversion wird gebraucht, wenn das Subjekt ein Substantiv ist. Dieses bleibt an seiner üblichen Stelle im Satz und wird durch Inversion beim Verb mit dem entsprechenden Pronomen aufgenommen. Diese Frageform ist nur in der gehobenen Sprache üblich (1):

(1) *Cette ville est-elle grande?*	**Ist diese Stadt groß?**
(1) *L'enfant a-t-il tout mangé?*	**Hat das Kind alles gegessen?**

3. Andere Satzarten

Neben Aussage- und Fragesätzen gibt es noch Wunschsätze (1), Annahmesätze (2) und Ausrufesätze (3):

(1) *Que Dieu vous garde!*	**Möge Gott Sie behüten!**
(1) *Que la force soit avec toi!*	**Sei stark!**
(2) *Supposons que tu sois millionnaire.*	**Nehmen wir an, du seiest Millionär.**
(2) *Supposons qu'il arrive trop tard.*	**Nehmen wir an, er käme zu spät.**
(3) *Que tu es gentille!*	**Wie nett du bist!**
(3) *Que la route est longue!*	**Wie lange der Weg ist!**

4. Die Satzverknüpfungen

Es gibt nebenordnende und unterordnende Verknüpfungen (→ S. 104 f.). Bei den unterordnenden Verknüpfungen unterscheidet man Subjekt-, Objekt-, Prädikativ-, Adverbial- und Attributsätze.

Die Subjektsätze

Der Nebensatz steht anstelle des Subjekts eines Hauptsatzes (1):

(1) *Qui réfléchira trouvera une solution.*	**Wer nachdenkt, wird eine Lösung finden.**
(1) *Celle qui perd reçoit quand même un cadeau.*	**Die, die verliert, bekommt trotzdem ein Geschenk.**

Die Objektsätze

Der Nebensatz steht anstelle eines direkten Objekts (4. Fall) (2):

(2) *Il demande si tu es d'accord.*	**Er fragt, ob du einverstanden bist.**

Die Prädikativsätze

Der Nebensatz steht anstelle einer prädikativen Ergänzung zu *être* oder einem ähnlichen Verb (z. B. *sembler* – scheinen) (3):

(3) *Il sera toujours ce qu'il est.*	**Er wird immer das sein, was er ist.**

Die Attributsätze

Der Nebensatz ersetzt ein Adjektiv oder eine nähere Bestimmung, die bei einem Substantiv steht. Attributsätze sind häufig Relativsätze (4):

(4) *Voici la lampe que j'ai achetée.*	**Hier ist die Lampe, die ich gekauft habe.**

Die Adverbialsätze

Man unterteilt Adverbialsätze in kausale, temporale, finale, konsekutive, konditionale und konzessive Nebensätze:

Die kausalen Nebensätze

Der Nebensatz gibt einen Grund an (*parce que, comme* und *puisque* → S. 104 f. Konjunktionen) (5):

(5) *Il voulait partir parce que la nuit tombait.*	**Er wollte heimgehen, weil es Nacht wurde.**
(5) *On peut sortir, puisque la pluie a cessé.*	**Man kann raus, weil es zu regnen aufgehört hat.**

Die temporalen Nebensätze

Neben- und Hauptsatz stehen in einem zeitlichen Zusammenhang (→ *quand* und andere zeitliche Konjunktionen → S 104) (6):

(6) *Quand Pierre est arrivé, il pleuvait.*	**Als Pierre ankam, regnete es.**
(6) *Dès qui'elle sort, le bébé pleure!*	**Sobald sie rausgeht, weint das Baby.**

Die Finalsätze

Der finale Nebensatz gibt einen Zweck oder ein Ziel an. Er wird durch Konjunktionen wie *pour que, afin que, de façon que etc.* eingeleitet (7):

(7) *Elle a appelé Alain pour qu'il puisse lire la lettre.*	**Sie hat Alain gerufen, damit er den Brief lesen könne.**

Die Konsekutivsätze

Der Nebensatz drückt eine ungewollte oder auch beabsichtigte Folge aus. Er wird durch die Konjunktionen *de sorte que, si bien que usw.* eingeleitet. (8):

(8) *Il a ouvert la fenêtre de sorte que tout le monde le voyait.*	**Er öffnete das Fenster, sodass jeder ihn sah.**

Die Konditionalsätze

Der Nebensatz, meist eingeleitet mit *si*, drückt eine Bedingung aus, unter der die Handlung des Hauptsatzes stattfinden kann. Man unterscheidet drei Typen des Konditionalsatzes, in denen jeweils sowohl im Haupt- als auch im Nebensatz folgende Zeiten stehen müssen (→ S. 69 f. Conditionnel) (9):

(9) *Si tu invites Maurice, la soirée sera plus amusante.*	**Wenn du Maurice einlädst, wird der Abend lustiger.**
Si tu invitais Maurice, la soirée serait plus amusante.	**Wenn du Maurice einladen würdest, wäre der Abend lustiger.**
Si tu avais invité Maurice, la soirée aurait été plus amusante.	**Wenn du Maurice eingeladen hättest, wäre der Abend lustiger gewesen.**

Die Konzessivsätze

Der Nebensatz gibt eine Einräumung wieder. Konsessivsätze werden durch Konjunktionen wie *bien que, malgré que, quoique etc.* eingeleitet (10):

(10) *Bien que Sylvie soit malade, elle travaille au bureau.*	**Obwohl Sylvie krank ist, arbeitet sie im Büro.**
(10) *Je confierai ce travail à Paul, quoiqu'il soit bien jeune.*	**Ich werden diese Arbeit Paul überlassen, obwohl er noch jung ist.**
(10) *Il est souvent généreux, bien qu'il ne soit pas riche.*	**Er ist oft großzügig, obwohl er nicht reich ist.**

ÜBUNGEN: SATZBAU

1. Stellen Sie die Frage mit einer Inversion und fügen Sie ein Pronomen hinzu, wenn es nötig ist.

Beispiel: – Revient-il souvent dans cette région?

– Oui, il revient souvent dans cette région.

a. –

– Oui, ses parents sont au courant de ce qui s'est passé.

b. –

– Non, on n'aurait pas pu prévoir une telle catastrophe.

c. –

– Oui, Bernard et Colette seront de la fête.

d. –

– Oui, je pense avoir la force de tenir jusqu'au bout.

e. –

– Oh si, je suis heureuse d'être grand-mère!

f. –

– Non, elle ne lui a pas dit où elle allait.

g. –

– Oui, le patron se montrera compréhensif.

2. Stellen Sie Fragen mit est-ce que.

Beispiel: Tu as perdu tes affaires de sport! Quand?

Quand est-ce que…?

a. Vous avez appris la bonne nouvelle! Comment? ________________

b. Votre emploi du temps est extrêmement chargé! ________________

c. Il faut faire tant de démarches administratives pour pouvoir créer une petite association! Pourquoi? ____

d. Que dois-je dire à ta mère pour essayer de la convaincre? ________

e. Tu es absolument certain de ce que tu avances? ________________

f. Où comptez-vous passer la nuit? __

g. Il est obligatoire de porter un bonnet de bain dans cette piscine? ______

h. Quelqu'un a fumé dans cette pièce. Qui? ______________________

3. Ändern Sie die folgenden Sätze, so dass Subjekt und Verb umgestellt werden.

Beispiel: Il faut qu'il soit éperdument amoureux de cette jeune fille pour aller au théâtre avec elle au lieu de regarder du rugby à la télévision avec ses amis. → Faut-il qu'il soit éperdument amoureux de cette fille pour aller …

a. Tu as sans doute eu raison de rebrousser chemin avant d'être complètement perdu.

b. Nous nous imaginions déjà riches, mais il fallait encore le trouver, ce fabuleux trésor!

c. Elle répliqua aussitôt: « Il n'a absolument jamais été question que nous partagions la même tente! »

d. Elle était belle à l'époque... Tous les garçons étaient fous d'elle.

4. Betonen Sie den im Fettdruck gekennzeichneten Satzteil mit c'est ... que/qui.

Beispiel : Nous partons **mercredi**.
C'est mercredi que nous partons.

a. **Tu** as insisté pour aller voir ce film.

b. Nous avons oublié d'inviter **la tante Gilberte**!

c. Vous devez vous adresser **à l'accueil**.

d. Tu as choisis **le menu à 28 euros**?

e. Je souhaite passer mes prochaines vacances **à Venise**.

f. Tu n'y arriveras **pas comme ça**!

g. Il pleurait **de joie**.

h. Tout le mérite **vous** revient.

5. Setzen Sie in die indirekte Rede.

Beispiel: – Vous désirez boire quelque chose, Monsieur?
Le serveur demande au client s'il désire boire quelque chose.

a. Vous auriez pu me prévenir!
Notre mère nous dit ____________

b. Nathalie, est-ce que je peux avoir confiance en toi?
Benoît demande à Nathalie ______

c. Pourquoi n'avez-vous pas parlé plus tôt de ce détail important?
L'inspecteur demande aux témoins
____

d. Je ne suis pas au courant de cette histoire.
J'ai répondu ______________

e. Je ne mérite pas ces applaudissements parce que j'ai triché.
Il déclare ________________

f. Tes parents ne devraient plus tarder.
Je dis au petit garçon _________

g. Patricia, veux-tu bien te calmer et m'écouter un instant?
Fabrice demande à Patricia ______

h. Je ne t'aurais jamais reconnu!
Le professeur avoue à son ancien élève ____________________

6. Ergänzen Sie und beachten Sie die Zeitenfolge.

a. S'il fait beau, la fête (être) réussie.

b. Prendrais-tu autant de risques si tu (être) père de famille?

c. Si nous avions su que tu viendrais, nous (venir) aussi.

d. Si tu étais un animal, tu (être) un âne!

e. Nous y passerons la nuit s'il le (falloir).

f. Si tu n'étais pas intervenu, qui sait comment l'affaire (tourner)?

g. Si vous (ne pas arrêter) immédiatement vos bêtises, je vais me fâcher!

h. Qu'est-ce qu'il (se passer) si la mariée avait dit non?

HINWEISE ZUR AUSSPRACHE

1. Einige Besonderheiten bei den Selbstlauten

e wird in einer Silbe, die auf *-e* endet, [ə] ausgesprochen: *me, te, redoubler* (verdoppeln)

e wird am Wortende [e] ausgesprochen, wenn ein Konsonant (außer *m* oder *n*) folgt: *chanter* (singen), *le nez* (die Nase)

ABER:

é wird [e] ausgesprochen: *l'église* (die Kirche), *aimé* (geliebt)

è, ê werden [ɛ] ausgesprochen: *la scène* (die Szene), *être* (sein)

u wird immer [y] ausgesprochen: *la butte* (der Hügel)

ou wird immer [u] ausgesprochen: *le coup* (der Schlag), *mou* (weich), *le souci* (die Sorge)

2. Die Nasale

Da diese Laute im Deutschen nicht existieren, bereiten sie dem Lernenden gelegentlich Schwierigkeiten. Man merke sich folgendes:

an, am wird [ã] ausgesprochen: *la France, la chance*

in, im, en, em wird [ɛ̃] ausgesprochen: *la fin, le pain, le timbre*

on, om wird [ɔ̃] ausgesprochen: *bon, le son, sombre*

un, um wird [œ̃] ausgesprochen: *un, brun, humble*

3. Besonderheiten bei Mitlauten

c wird vor *e, i* [s] ausgesprochen: *céder, la cigarette*
wird vor *a, o, u* [k] ausgesprochen: *la carte*

g wird vor e, i [ʒ] ausgesprochen: *la general, la girafe, nous mangeons*
wird vor *a, o, u* [g] ausgesprochen: *la gare, le golfe*

h Man unterscheidet das stumme *‚h‘ (h muet)* und das aspirierte *‚h‘ (h aspiré)*. Beide werden nicht ausgesprochen. Vor dem stummen *‚h‘* wird der Artikel in der Einzahl apostrophiert: *l'hôtel*, vor aspiriertem *‚h‘* jedoch nicht: *le haricot*.

Der bestimmte Artikel in der Mehrzahl wird bei stummem *‚h‘* gebunden: *les hôtels* [lezotel], nicht jedoch bei aspiriertem *‚h‘*: *les haricots* [leariko].

qu wird [k] ausgesprochen: *la querelle*

ch wird stimmlos [ʃ] ausgesprochen: *la chaise, la chambre*

j wird stimmhaft [ʒ] ausgesprochen: *le jour, la jambe*

INFOKASTEN

Folgende Zeichen geben Hinweise auf die Aussprache:

Die Cedille:
Sie zeigt an, dass *c* vor *a, o, u* wie ein *s* gesprochen wird, z. B. ***la leçon***.

Das Trema:
Es zeigt an, dass Vokale getrennt gesprochen werden, z. B. ***Noël, égoïste***.

DIE UNREGELMÄSSIGEN VERBEN

Diejenigen Verbformen, die Sie in der nachfolgenden alphabetischen Übersicht nicht vorfinden, lassen sich größtenteils nach dem Ableitungsschema (→ S. 134f.) von anderen Verbformen ableiten. In folgender Konjunktionstabelle sind die wichtigsten unregelmäßigen Verbformen und -gruppen aufgeführt.*)

Infinitif	Présent	Futur I	Passé simple	Subjonctif I	Participe présent/ passé
absoudre (freisprechen)	*j'absous* *il absout* *nous absolvons* *ils absolvent*	*j'absoudrai* etc.	Ø	*que j'absolve* etc.	*absolvant/ absous, absoute*
résoudre (lösen)	*je résous* etc.	*je résoudrai* etc.	*je résolus* etc.	que je résolusse etc.	*résolvant/ résolu*
aller (gehen, fahren)	*je vais* *tu vas* *il va* *nous allons* *vous allez* *ils vont* **Befehl:** *va, allons, allez*	*j'irai* etc.	*j'allai* etc.	*que j'aille* *qu'il aille* *que nous allions* *qu'ils aillent*	*allant* *allé,e* (mit *être*)
battre (schlagen)	*je bats* *il bat* *nous battons* *ils battent*	*je battrai* etc.	*je battis* etc.	*que je batte* etc.	*battant/ battu,e*
boire (trinken)	*je bois* *il boit* *nous buvons* *ils boivent*	*je boirai* etc.	*je bus* etc.	*que je boive* *qu'il boive* *que nous buvions* *qu'ils boivent*	*buvant/ bu,e*
conclure (schließen, folgern)	*je conclus* *il conclut* *nous concluons* *ils concluent*	*je conclurai* etc.	*je conclus* *nous conclûmes* etc.	*que je conclu* *que nous concluions* etc.	*concluant/ conclu,e*

Infinitif	Présent	Futur I	Passé simple	Subjonctif I	Participe présent/ passé
conduire **(lenken, fahren)**	*je conduis* *il conduit* *nous conduisons* *ils conduisent*	*je conduirai* etc.	*je conduisis* etc.	*que je conduise* *etc.*	*conduisant/* *conduit,e*
connaître **(kennen, kennen lernen)**	*je connais* *il connaît* *nous connaissons* *ils connaissent*	*je connaîtrai* etc.	*je connus* *nous connûmes*	*que je connaisse* etc. etc.	*connaissant/* *connu,e*
courir **(laufen)**	*je cours* *il court* *nous courons* *ils courent*	*je courrai* etc.	*je courus* *nous courûmes* etc.	*que je coure* etc.	*courant/* *couru,e*
secourir **(helfen)**	*je secours* etc.	*je secourrai* etc.	*je secourus* etc.	*que je secoure* etc.	*secourant/* *secouru,e*
croire **(glauben)**	*je crois* *il croit* *nous croyons* *ils croient*	*je croirai* etc.	*je crus* *nous crûmes* etc.	*que je croie* *qu'il croie* *que nous croyions* *qu'ils croient*	*croyant/* *crue,e*
croître **(wachsen)**	*je crois* *tu crois* *il croit* *nous croissons* *ils croissent*	*je croîtrai* etc.	*je crûs* *nous crûmes* etc.	*que je croisse* etc.	*croissant/* *crû,e*
cueillir **(pflücken)**	*je cueille* *il cueille* *nous cueillons* *ils cueillent*	*je cueillerai* etc.	*je cueillis* etc.	*que je cueille* etc.	*cueillant/* *cueilli,e*

Infinitif	Présent	Futur I	Passé simple	Subjonctif I	Participe présent/ passé
devoir (müssen, sollen)	*je dois* *il doit* *nous devons* *ils doivent*	*je devrai* etc.	*je dus* *nous dûmes* etc.	*que je doive* *qu'il doive* *que nous devions* *qu'ils doivent*	*devant/* *dû, due*
*dire** (sagen)	*je dis* *tu dis* *il dit* *nous disons* *vous dites* *ils disent*	*je dirai* etc.	*je dis* *nous dîmes* etc.	*que je dise* etc.	*disant/* *dit,e*
écrire (schreiben)	*j'écris* *il écrit* *nous écrivons* *ils écrivent*	*j'écrirai* etc.	*j'écrivis* etc.	*que j'écrive* etc.	*écrivant/* *écrit,e*
envoyer (schicken)	*j'envoie* *il envoie* *nous envoyons* *ils envoient*	*j'enverrai* etc.	*j'envoyai* etc.	*que j'envoie* *qu'il envoie* *que nous envoyions* *qu'ils envoient*	*envoyant/* *envoyé,e*
faire (machen, tun)	*je fais* *tu fais* *il fait* *nous faisons* *vous faites* *ils font*	*je ferai* etc.	*je fis* etc.	*que je fasse* etc.	*faisant/* *fait,e*
falloir (müssen) unpersönlich	*il faut*	*il faudra*	*il fallut* **Imparfait:** *il fallait*	*qu'il faille* **Sub. II:** *qu'il fallût*	*fallu*

**contredire* (widersprechen), *dédire* (widerrufen), *interdire* (verbieten), *médire* (übel nachreden), werden wie *dire* konjugiert mit Ausnahme der 2. Person Plural (1):
(1) *Vous contredisez/dédisez etc.*

Infinitif	Présent	Futur I	Passé simple	Subjonctif I	Participe présent/ passé
fuir **(fliehen)**	*je fuis* *il fuit* *nous fuyons* *ils fuient*	*je fuirai* etc.	*je fuis* *nous fuîmes* etc.	*que je fuie* *qu'il fuie* *que nous fuyions* *qu'ils fuient*	*fuyant/* *fui,e*
haïr **(hassen)** Beachte: Trema!	*je hais* *il hait* *nous haïssons* *ils haïssent*	*je haïrai* etc.	*je hais* *nous haïmes* etc.	*que je haïsse* etc.	*haïssant/* *hai,e*
lire **(lesen)**	*je lis* *il lit* *nous lisons* *ils lisent*	*je lirai* etc.	*je lus* etc.	*que je lise* etc.	*lisant/* *lu,e*
mettre **(setzen, stellen, legen)**	*je mets* *il met* *nous mettons* *ils mettent*	*je mettrai* etc.	*je mis* *nous mîmes* etc.	*que je mette* etc.	*mettant/* *mis,e*
maudire **(verfluchen)**	*je maudis* *il maudit* *nous maudissons* *ils maudissent*	*je maudirai* etc.	*je maudis* etc.	*que je maudisse* etc.	*maudissant/* *maudit,e*
	Imparfait:	*je maudissais*			
mourir **(sterben)**	*je meurs* *il meurt* *nous mourons* *ils meurent*	*je mourrai* etc.	*je mourus* etc.	*que je meure* *qu'il meure* *que nous mourions* *qu'ils meurent*	*mourant/* *mouru,e* *(*mit *être)*
mouvoir **(bewegen)**	*je meus* *il meut* *nous*	*je mouvrai* etc.	*je mus* *nous mûmes* etc.	*que je meuve* *qu'il meuve* *que nous*	*mouvant/* *mû, mue*

Infinitif	Présent	Futur I	Passé simple	Subjonctif I	Participe présent/ passé
	mouvons *ils meuvent*			*mouvions* *qu'ils meuvent*	
naître **(geboren werden, entstehen)**	*je nais* *il naît* *nous naissons* *ils naissent*	*je naîtrai* etc.	*je naquis* etc.	*que je naisse* etc.	*naissant/* *né,e* (mit *être*)
plaire **(gefallen)**	*je plais* *il plaît* *nous plaisons* *ils plaisent*	*je plairai* etc.	*je plus* *nous plûmes* etc.	*que je plaise* etc.	*plaisant/* *plu*
pleuvoir **(regnen)** unpersönlich	*il pleut*	*il pleuvra*	*il plut* **Imparfait:** *il pleuvait*	*qu'il pleuve* **Subj. II:** *qu'il plût*	*pleuvant/* *plu*
pouvoir **(können)** (*puis-je* in der Frage)	*je peux* *il peut* *nous pouvons* *ils peuvent*	*je pourrai* etc.	*je pus* *nous pûmes* etc.	*que je puisse* etc.	*pouvant/* pu
prendre **(nehmen)**	*je prends* *il prend* *nous prenons* *ils prennent*	*je prendrai* etc.	*je pris* *nous prîmes* etc.	*que je prenne* *qu'il prenne* *que nous prenions* *qu'ils prennent*	*prenant/* *pris,e*
rire **(lachen)**	*je ris* *il rit* *nous rions* *ils rient*	*je rirai* etc.	*je ris* *nous rîmes* **Imparfait:** *nous riions*	*que je rie* *que nous riions* etc.	*riant/* *ri*
savoir **(wissen)**	*je sais* *il sait*	*je saurai* etc.	*je sus* *nous sûmes*	*que je sache* etc.	*sachant/* *su,e*

Infinitif	Présent	Futur I	Passé simple	Subjonctif I	Participe présent/ passé
	nous savons *ils savent*		etc.		
suivre **(folgen)**	*je suis* *il suit* *nous suivons* *ils suivent*	*je suivrai* etc.	*je suivis* etc.	*que je suive* etc.	*suivant/* *suivi,e*
vaincre **((be)siegen)**	*je vaincs* *il vainc* *nous vainquons* *ils vainquent*	*je vaincrai* etc.	*je vainquis* etc.	*que je vainque* etc.	*vainquant/* *vaincu,e*
valoir **(gelten, wert sein)**	*je vaux* *il vaut* *nous valons* *ils valent*	*je vaudrai* etc.	*je valus* etc.	*que je vaille* *qu'il vaille* *que nous valions* *qu'ils vaillent*	*valant/* *valu,e*
venir **(kommen)**	*je viens* *il vient* *nous venons* *ils viennent*	*je viendrai* etc.	*je vins* *il vint* *nous vînmes* *vous vîntes* *ils vinrent*	*que je vienne* *qu'il vienne* *que nous venions* *qu'ils viennent*	*venant/* *venu,e*
vêtir **(bekleiden)**	*je vêts* *il vêt* *nous vêtons* *ils vêtent*	*je vêtirai* etc.	*je vêtis* etc.	*que je vête* etc.	*vêtant/* *vêtu,e*
vivre **(leben)**	*je vis* *il vit* *nous vivons* *ils vivent*	*je vivrai* etc.	*je vécus* etc.	*que je vive* etc.	*vivant/* *vécu*
voir **(sehen)**	*je vois* *il voit* *vous voyons*	*je verrai* etc.	*je vis* *nous vîmes* etc.	*que je voie* *qu'il voie* *que nous*	*voyant/* *vu,e*

Infinitif	Présent	Futur I	Passé simple	Subjonctif I	Participe présent/ passé
	ils voient			*voyions* *qu'ils voient*	
vouloir **(wollen)**	*je veux* *il veut* *nous voulons* *ils veulent*	*je voudrai* etc.	*je voulus* etc.	*que je veuille* *qu'il veuille* *que nous voulions* *qu'ils veuillent*	*voulant* *voulu, e*

*) In oben stehender Konjugationstabelle finden Sie die wichtigsten unregelmäßigen Verbformen und -gruppen. Nachfolgend noch nützliche Tipps zur Ableitung der Verbformen.
Die 2. Person Einzahl und Mehrzahl lassen sich von der 1. Person Einzahl bzw. Mehrzahl ableiten (*je chant-e* → *tu chant-es; nous lisons* → *vous lis-ez*) und werden deshalb nicht gesondert aufgeführt.
Das Konditional leitet sich aus dem Stamm der Futurformen ab, das passé composé wird mit *avoir/être* und der Partizip-Perfekt-Form des jeweiligen Verbs gebildet.

INFOKASTEN

Bei den regelmäßigen Verben auf *-er, -ir, -re* lassen sich die Verbformen wie folgt ableiten:

Vom Infinitiv werden **futur I** und **conditionnel I** abgeleitet:

travailler	→	***je travailler – ai/ais***
vendre	→	***je vendr – ai/ais***
finir	→	***je finir – ai/ais***

AUSNAHME:
Bei folgenden Verbtypen leiten sich **futur I** und **conditionnel I** von der 1. Person Gegenwart Einzahl ab:

appeler: j'appelle	→	***j'appelle – rai/ais***
acheter: j'achète	→	***j'achète – rai/ais***
ennuyer: j'ennuie	→	***j'ennuie – rai/ais***

INFOKASTEN

Vom Stamm der 1. Person Gegenwart Mehrzahl werden **imparfait** und **participe présent** abgeleitet:

nous travaill-ons	→	*je travaill-ais*
	→	*travaill-ant*
nous vend-ons	→	*je vend-ais*
	→	*vend-ant*
nous finiss-ons	→	*je finiss-ais*
	→	*finiss-ant*

Vom Stamm der 3. Person Gegenwart Mehrzahl wird der **subjonctif I** abgeleitet:

ils travaill-ent	→	*que je travaill-e*
ils vend-ent	→	*que je vend-e*
ils finiss-ent	→	*que je finiss-e*

Von der 2. Person Einzahl des **passé simple** wird der **subjonctif II** abgeleitet:

tu travaill-as	→	*que je travaillasse*
tu vend-is	→	*que je vendisse*
tu fini-s	→	*que je finisse*

Der Artikel

1 le: hérisson; commerce; la: facture; lampe; communication; l': écran; histoire; les: messages.
2. a. L'; une; b. la; un; c. Le; des; d. les; le; un; e. Le; une; f. La; un; g. la; des h. un.
3. a. des; les; b. les; c. des; des; d. des; les; e. des; f. des; g. Les; des.
4. a. Il est cuisinier. C'est un cuisinier renommé; b. Il est cinéaste. C'est un cinéaste talentueux; c. Il est footballeur. C'est un footballeur exceptionnel; d. Il est acteur. C'est un acteur célèbre.
5. a. de la; de la; b. du; de; d'; c. de; d. d'; des; e. du; de la; f. de l'.
6. a. Non, je n'ai pas de téléphone portable; b. Non, je n'ai pas d'enfant; c. Non, je n'ai pas de nouvelles de Chantal; d. Non, il n'a pas de famille dans la région; e. Non, je n'ai pas mis de parfum; f. Non, je n'ai pas le permis de conduire; g. Non, il n'y a pas de cinéma près de chez moi; h. Non, je ne veux pas écouter de musique; i. Non, ce n'est pas un danseur professionel; j. Non, je n'ai pas mis de miel dans la sauce; k. Non, je n'ai pas sommeil.
7. a. J'ai envie d'un verre de bon vin; b. Les plantes ont besoin d'eau et de lumière; c. Le samedi, je sors très souvent avec des amis; d. Elle parle toujours d'une voix douce et basse; e. Je n'aime pas les gens prétentieux; f. Le train avait du retard: nous avons eu de la chance!

Das Substantiv

1. männlich: homme, chauffage, standardiste, magnétoscope, graveur, appel, scanner, été, sèche-linge, rendez-vous, laboratoire, shampooing; weiblich: lionne, standardiste, disquette, souris, photo, société, sonnerie, annonce, information, culture.
2. la France; le Japon; la Chine; le Chili; le Cambodge; les Pays-Bas; la Russie; le Vatican; le Pakistan; le Tibet; Monaco; la Hongrie; la Grèce; le Pérou; Tahiti; la Bavière; les Alpes; l'Espagne; Madagascar.
3. a. le; b. le; c. la; d. Le; e. la; f. la; g. la.
4. a. des cheveux; b. des messieurs; c. les cailloux; d. des appareils; e. des gaz; f. les noyaux; g. des éventails; h. les riz.
5. a. un nœud; b. le journal; c. le roi; d. un pays; e. l'erreur; f. un euro; g. la paix.
6. a. des choux-fleurs; b. des sourds-muets; c. des tire-bouchons; d. des aide-mémoire; e. des non-lieux; f. des avant-premières; g. des aller-retour.
7. a. l'eau: weiblich; b. les opéras: die Singularform hat kein -s; c. les jumeaux hat eine Singularform: le jumeau.
8. a. Je ne connais pas la cousine de Florence; b. L'entraîneur donne des conseils aux joueurs; c. Où sont les clés de la voiture?; d. Elle faxe une commande au fournisseur; e. Marc offre des fleurs à la fille des voisins; f. Cet enfant raconte des histoires à tout le monde; g. Il envoie un SMS à son copain.
9. a. aux; aux; aux; b. à la; c. à l'; d. au; à la; e. à l'; au; f. à la.
10. a. du; b. de la; c. de l'; d. des; e. du; de la.

Das Adjektiv

1.a. La serveuse est mignonne et souriante ; b. Julie est jeune et timide; c. Ma mère est blonde et frisée; d. La concierge est paresseuse et agressive; e. L'infirmière est gentille et compétente.

2. a. une dame seule; b. une femme active; c. une fille rousse; d. une actrice prometteuse.

3. J'ai un fils adolescent, un mari toujours absent, un voisin curieux, un beau-père exaspérant, un copain célibataire, un chien végétarien et un arrière-grand-père normand!

4. a. préoccupantes; b. bonnes; c. confidentiels; d. international.

5. a. Les renards sont des animaux solitaires; b. Les choux sont des légumes riches en vitamines; c. Les zèbres sont des chevaux sauvages; d. Les fées sont des personnages imaginaires.

6. a. chers; meilleure; b. favorites; c. portable; principaux; d. différentes; envisagées; convaincantes; e. politique; actuel; sécurisants.

7. a. un vieux monsieur avec une barbe blanche; b. une dame brune avec des lunettes noires; c. un bel appartement avec une terrasse ensoleillée; d. un ordinateur perfectionné avec un grand écran plat.

8. a. notre chère tante Louise; b. une seule femme; c. cette pauvre femme; ses propres enfants; d. mon ancien travail.

9. a. c'est encore plus reposant; b. c'est encore meilleur; c. c'est encore moins loin.

10. a. La cigale est moins prévoyante que la fourmi; b. Le jus de fruits frais est meilleur pour la santé que les sodas sucrés; c. Vos fils sont aussi blonds que leur père.

11. a. À mon avis, cette épreuve est la moins difficile; b. À mon avis, ces quartiers de la ville sont les moins rassurants.

Das Adverb

1. demain; toujours; là-bas; tout; presque; extrêmement; volontairement; pleinement; tant; si; essentiellement; bien, étonnamment; principalement; quasiment; clair; sincèrement; vraiment; beaucoup; maintenant.

2. a. Verb; b. Adverb; c. Satz; d. Adjektiv; e. Verb.

3. a. tranquillement; b. tardivement; c. gentiment; d. courageusement; e. fortement; f. sèchement; g. doucement; h. fréquemment; i. légalement; j. joliment.

4. a. rapidement; b. grossièrement; c. gravement; d. violemment; e. terriblement.

5. a. parler avec franchise; b. répondre avec fermeté; c. sortir avec discrétion; d. consommer avec modération; e. observer avec attention; f. frotter avec vigueur; g. s'exprimer avec clarté.

6. a. très; beaucoup; b. très; c. Beaucoup; très; d. très; beaucoup; e. beaucoup; très.

7. a. Vincent mange plus que les autres. C'est Vincent qui mange le plus; b. Mélanie chante plus faux que les autres. C'est Mélanie qui chante le plus faux; c. Notre produit coûte moins cher que les autres. C'est notre produit qui coûte le moins cher; d. Ton père parle plus fort que les autres. C'est ton père qui parle le plus fort; e. Ton fils a mieux réussi que les autres. C'est ton fils qui a le mieux réussi. f. Ce projet est plus original que les autres. C'est ce projet qui est le plus original.

8. a. Oui, j'ai eu terriblement peur; b. Oui, je vais certainement aller au match ; c. Oui, il a beaucoup plu cette semaine; d. Oui, nous punirons sévèrement les coupables; e. Oui, il s'en sortira rapidement; f. Oui, les affaires marchent merveilleusement bien.

9. a. Les enfants dorment. Pouvez-vous parler plus bas, s'il vous plaît?; b. Cela sent vraiment bon dans la cuisine. Que cuisines-tu donc?; c. Fais aussi vite que possible, s'il te plaît, c'est extrêmement urgent; d. Il me parle avec autant de respect qu'avant.

Die Hilfsverben

1. a. avons; b. n'a; c. avez; d. as; ont; e. a; f. a.
2. a. n'es; est; suis; b. sommes; c. sont; d. sommes; e. êtes; f. est.
3. a. Vous avez de la chance d'avoir des parents si compréhensifs, en êtes-vous conscients?; b. Quand mon frère et moi étions petits, nous avions peur de rester seuls dans l'obscurité; c. Étant fille unique, elle a été surprotégée par ses parents; d. Eric et toi serez toujours les bienvenus chez nous et vous aurez toujours une place à notre table; e. Quand ils furent devant le coffre-fort, ils eurent un moment d'hésitation.
4. a. As; j'ai; b. est; c. est; d. a; e. a.
5. a. sommes; b. avons; est; c. sommes; avons; a; d. avons; sommes; e. a; sommes; avons.
6. a. Aujourd'hui, je n'ai pas été très productif: j'ai seulement monté, démonté et remonté cette armoire; b. Comme elle a progressé! Elle a descendu cette piste de ski à toute allure et elle n'est pas tombée!; c. Tu as passé l'âge de dormir dans le lit de tes parents!; d. Est-ce que ta sœcur est sortie vendredi soir?; e. Nous sommes montés, dans le train à la dernière minute.
7. a. Ce matin, Sandra s'est levée très tôt; b. Elle s'est préparée comme d'habitude, s'est dirigée vers la porte et là, elle s'est rendue compte qu'aujourd'hui c'était dimanche; c. Merci pour cette bonne soirée: nous nous sommes amusés comme des fous; d. Il ne s'est pas souvenu de son rendez-vous chez le dentiste; e. Vous êtes-vous intéressés à l'art contemporain?
8. a. Tu vois bien que je suis en train de faire mes devoirs; b. Félicitations! Vous avez été très courageux; c. Ils vont se fiancer à Pâques.

Die Vollverben

1. a. aime; b. arrives; c. supporte; d. passons; pensons; e. sortez; restez; f. organisent; g. passe.
2. a. avançaient; b. nous partageâmes; c. paieras; d. aurez achevé; e. épelles; f. préférerais; g. ne me l'a jamais envoyée.
3. a. choisis; b. offre; c. mourons; d. guérit; e. pars; f. accueille; g. découvre.
4. a. je souffre; b. pouvoir; c. mentir.
5. a. Autrefois, je venais te voir dès que je le pouvais; b. Un rien le faisait rougir; c. Nous nous retrouvions toujours sur cette place; d. Vous n'en faisiez qu'à votre tête; e. Elles avaient l'habitude de ne rien se cacher; f. Il fallait d'abord réussir la première étape.
6. a. Je ferai tout ce que tu feras; b. Tu verras, on ne te décevra pas; c. Il finira par s'y habituer; d. Nous manquerons surtout d'oxygène; e. Ils enverront les invitations un mois avant la fête; f. Que prendront ces dames?; g. Le jour de la fête de la musique, il y aura de la musique dans toute la ville.
7. a. Mange; b. Ne vous inquiétez pas; c. dépêchez-vous; d. attends-moi; e. Ne crie pas.
8. a. Vous dites vraiment des bêtises quand vous avez bu; b. Là, mes parents durent prendre une décision; c. Après tout, vous faites bien comme vous voulez!; d. Nous ne savons pas si nous nous en remettrons; e. Elles vont bien finir par revenir.
9. a. Il faut d'abord que tu finisses tes

devoirs; b. Il faut que nous fassions plus attention à nos affaires; c. Il faut qu'ils aillent faire les courses avant 18 heures; d. Il fallait que nous rencontrassions le professeur de chimie; e. Il faudrait que vous disiez la vérité.

Weitere Verbformen

1. a. Elle s'est sentie fatiguée pendant sa grossesse; b. Au bout d'une heure, il s'est enfin décidé à parler; c. C'est en faisant du ski qu'elle s'est cassé la jambe; d. Comment se sont-elles mis du sable dans les cheveux?; e. Finalement, nous nous sommes habitués au décalage horaire.
2. a. te; nous; b. te; se; c. ø; ø; d. s'; ø; e. ø; f. se.
3. a. Devant les aboiements du chien, le voleur ne s'est pas sauvé; b. La prochaine fois, nous ne nous méfierons certainement pas; c. Ce père de famille ne s'occupe pas beaucoup de ses enfants; d. Marianne ne s'angoisse pas facilement.
4. a. attends-toi; b. asseyez-vous; c. Ne te gêne pas; d. Rappelle-toi; e. Ne nous réjouissons pas.
5. a. unpersönlich; b. persönlich; c. unpersönlich; d. persönlich; e. persönlich; f. unpersönlich.
6. a. Quand il fait froid, il faut bouger; b. Tu n'as absolument pas changé!; c. Il y a quelqu'un?; d. Comme c'est triste: il est 17 heures et il fait déjà nuit; e. Il faut que je me dépêche, car il va bientôt pleuvoir.
7. a. ne voyagerais pas; b. ferait; c. ne perdrais pas; d. pourrais; e. prendrions.
8. a. ne serais pas venu; b. n'auraient pas fait; c. aurait-il changé; d. aurais dû.
9. a. partent; b. grandisses; c. m'en aille; d. viennes; e. disiez.
10. a. récupérasse; b. changeât; perdît; c. eussiez discuté; d. eût plu; e. finît.

Die gebeugten Verbformen

1. a. range; b. a quitté; c. faisais; d. rêvait; ont offert; veut; e. se nourrissait; était.
2. Il était une fois un petit garçon qui s'appelait Tom. Il avait dix ans et depuis que ses parents étaient morts, il habitait seul avec son grand-père, dans une petite maison à la lisière de la forêt. Comme le grand-père était très pauvre, il fallait travailler dur pour survivre, et parfois, pour l'aider, Tom n'allait pas à l'école. Tom était un petit garçon courageux, il ne se plaignait jamais et il aimait beaucoup son grand-père. Un jour, alors qu'il était en train de couper du bois dans la grange, un homme que Tom n'avait encore jamais vu, vint frapper à la porte. Le grand-père le fit entrer dans la maison et ils eurent une longue discussion.
3. a. serai; ferai; b. vas-tu te taire; c. arriveras; sera parti; d. vais y aller; va s'inquiéter; e. viendra; faudra.
4. a. sont; b. n'a pas pu; c. survivront; d. était; e. s'étaient déjà manifestés.
5. a. Nous souhaitons que notre clientèle soit satisfaite; b. Je veux que nous traitions cette affaire tout de suite; c. je crains que tu n'aies été trop sévère; d. Nous sommes tous désolés qu'il s'en aille; e. Je suis enchanté qu'ils puissent être parmi nous ce soir; f. Il est nécessaire que tu prennes régulièrement tes médicaments.
6. a. Non, je ne pense pas qu'il y ait beaucoup de monde à la séance de 16 heures; b. Oui, je crois que cet appartement est à vendre; c. Si, je pense que les prix sont trop élevés.
7. a. Pourriez; b. suivrais; c. n'aurais pas été obligé; d. serait sorti; e. aurais; f. accorderiez.

8. a. Un grave accident est signalé sur l'autoroute A5; b. Les transports scolaires ont été assurés par des bénévoles pendant la grève; c. Il était suivi de trois petites têtes blondes qui lui ressemblaient étrangement; d. Les chiens ne sont pas acceptés dans ce restaurant; e. Pourvu qu'elle ne soit pas vue dans ce triste état!

Die ungebeugten Verbformen

1. a. à; d'; b. d'; à; d'; c. à; d. d'; e. à; f. à.
2. a. avant de; b. à; c. de; d. ø; e. à; f. de.
3. a. Ayant pris des somnifères, elle s'endormit aussitôt; b. Jeune mère élevant seule ses deux enfants cherche emploi dans la région lyonnaise; c. Mon mari, étant conducteur de trains grandes lignes, a des horaires de travail irréguliers; d. Que les participants désirant suivre des cours supplémentaires se fassent connaître!
4. a. arrivé; b. convoqué; félicités; c. vue; d. reçu; achetée; perdue.
5. a. en prenant sa douche; b. En me promenant dans la forêt; c. en dormant; d. En chattant sur le net; e. qu'en faisant des exercices; f. en claquant la porte.
6. a. La voiture ne peut ni avancer ni reculer; b. Je n'aurais jamais pu imaginer une telle chose; c. Nous n'avons vraiment rien à déclarer; d. On ne le voit plus nourrir ses bêtes en ce moment; e. Ne vous faites pas d'illusions!
7. a. Je pense ne pas la revoir avant Noël: b. En n'oubliant pas son anniversaire, tu lui prouveras que tu penses à elle; c. Je ne suis pas certaine de retrouver facilement le chemin; d. En ne tenant pas parole, vous perdez la confiance de vos électeurs; e. Sois assuré de ne pas être dérangé pendant la nuit; f. Ne pas sortir de chez toi n'est pas la meilleure solution.
8. a. Pourquoi ne va-t-il plus à l'école?; b. Qu'attendent-ils du gouvernement?; c. À quelle heure la nuit commence-t-elle à tomber?; d. Comment faudra-t-il procéder?;
9. a. Gêné ; b. fasciné; c. Habitant; abandonnés; d. inquiétant.

Das Pronomen

1. a. Elle lui plaît beaucoup; b. Je te le rendrais volontiers, mais je lui ai promis de la passer avec elles; c. Nous les avons reçus très chaleureusement; d. Vous devriez le surveiller!; e. Il leur a téléphoné ce matin pour les annoncer;
2. a. Non, elle n'en a pas assez pour y aller; b. Non, je n'y pense plus; c. Oui, j'en ai parlé à quelqu'un d'autre; d. Non, on n'en a pas besoin pour y aller; e. Oui, mon père y allait régulièrement; f. Oui, tu peux en prendre.
3. a. moi; b. lui; c. eux; d. Elle; lui; e. soi.
4. a. Je cherche justement mon écharpe. C'est sûrement la mienne; b. Le directeur cherche justement ses lunettes. Ce sont sûrement les siennes; c. Nous cherchons justement nos billets de train. Ce sont sûrement les nôtres; d. Mes filles cherchent justement leurs chaussures. Ce sont sûrement les leurs; e. Vous cherchez justement votre ballon. C'est sûrement le vôtre; f. Tu cherches justement ta copie. C'est sûrement la tienne.
5. a. que; b. auquel; c. qu'; dont; d. lesquels.
6. a. Qui va conduire? Qui est-ce qui va conduire?; b. Qu'offré-je à ma sœur? Qu'est-ce que j'offre à ma sœur?; c. À qui a-t-il téléphoné? À qui est-ce qu'il a téléphoné?; d. Qui faut-il prévenir? Qui est-ce qu'il faut prévenir?

7. a. cette fois-ci; b. ceux; c. Cette; celle; d. celui-ci; celui-là; e. cela.
8. a. plusieurs; b. Certains; c. différents; d. chacun; e. chaque.
9. a. tous; b. Tous; tout; c. toutes; tous; d. tout; e. tout.

Die Konjunktionen

1. a. car; b. ou; c. mais; d. donc; e. et; f. ni; ni; g. or.
2. a. dès que; b. Comme; c. après; d. pendant que; e. depuis que; f. jusqu'au moment où.
3. a. ailles mieux; b. s'en aperçoive; c. voudrais sortir; d. est bien ferme; e. avant de traverser; f. soit; g. veuille bien.
4. a. parce qu'; b. Comme; c. puisque; d. Comme; e. puisque; f. parce que.
5. a. sommes; b. puissions; c. soit; d. afin d'entendre; e. aie; f. ont.
6. a. au cas où; b. pour qu'; c. Quand; d. Depuis que; e. Si.
7. a. put; b. faisait; c. n'avait pas; d. rentrèrent; e. me mis.
8. a. si bien que; b. pour que; c. alors que; d. pour qu'.

Die Präpositionen

1. a. à cause de; b. Grâce à; c. à cause du; d. grâce au; e. À cause de.
2. a. Quand; b. Quant; c. Quand; d. quant; e. Quand.
3. a. richtig; b. richtig; c. falsch: vers.
4. a. vont; au; à; b. vont; à; en; c. va; aux; en; en.
5. a. de; à; b. à; jusqu'à; c. entre; d. à; entre; e. Parmi; f. entre.
6. a. du; d'; b. en; c. de; d. de; e. à; en.
7. a. hors de; b. depuis; c. Sauf; d. au lieu de; e. sans; f. il y a.
8. a. Mon oncle a un gros chien sans lequel il ne sort jamais; b. Ils possèdent une maison de campagne dans laquelle ils passent toutes leurs vacances; c. Jean-Yves a réalisé un film pour lequel il a obtenu un prix à Cannes; d. Le fauteuil en cuir dans lequel je suis assis est confortable; e. La femme à laquelle il s'intéresse est mariée.
9. a. Pendant que; b. pendant.
10. a. Depuis que; b. dès; c. dès que.

Das Zahlwort

1. a. 74; b. 15; c. 999,99; d. 332; e. 21 059; f. 90; g. 170; h. 1 127 804; i. 716; j. 1 001; k. 2 000 900; l. 3 002; m. 123.12; n. 120 611; o. 111; p. 1 023.
2. a. dix-sept; b. deux cent deux; c. deux mille trois; d. quarante mille quatre cents; e. trois cent cinquante-sept mille huit cent trente-six; f. douze millions trois cent vingt mille vingt et un; g. dix mille quatre-vingt-dix-huit; h. quarante-sept virgule quatorze; i. trois cent soixante-cinq; j. douze mille treize; k. neuf cent neuf; l. mille deux cent trente quatre..
3. a. deux cent vingt; b. quatre millions trois cent mille neuf cents; c. dix milliards deux cent millions cinq cent quatre-vingt mille; d. mille six cents; e. mille cent quatre-vingts; f. six cent quatre-vingt-six; g. quatre mille cent.
4. a. Marilyn Monroe est née au vingtième siècle, très exactement le premier juin mille neuf cent vingt-six; b. Luther est né au quinzième siècle, très exactement le dix novembre mille quatre cent quatre-vingt-trois; c. Franz Kafka est né au dix-neuvième siècle, très exactement le trois juillet mille huit cent quatre-vingt-trois; d. Le premier enfant de Claudia Schiffer est né au vingt et unième siècle, très exactement le trente janvier deux mille trois.
5. a. il y a quatre; b. il y a huit; c. il y a vingt-huit ou vingt-neuf; d. il y a vingt-quatre; e. il y a soixante; f. il y a soixante; g. il y a trois cent soixante; h. il y a cinq;

i. il y a quarante-deux virgule cent quatre-vingt-quinze; j. il y a cent.

6. a. il est neuf heures quarante/il est dix heures moins vingt; b. il est quinze heures dix; c. il est six heures trente/il est six heures et demie; d. il est dix-huit heures dix-sept; e. il est trois heures cinquante-cinq/il est quatre heures moins cinq; f. il est huit heures vingt-cinq; g. il est sept heures trente-cinq/il est huit heures moins vingt-cinq; h. il est zéro heure quinze/il est minuit et quart; i. il est quatorze douze; j. il est vingt-trois heures cinquante-neuf/il est minuit moins une; k. il est deux heures quarante-cinq/il est trois heures moins le quart.

7. a. septième; b. premiers; c. trois; premièrement; deuxièmement; troisièmement; d. une; sept; e. cinquième; f. Quatrième; douze.

8. a. Vincent a quinze ans; b. La longueur du parcours est de 108 km; c. Le chef a un salaire mensuel de 6 000 euros; d. J'ai 15 centilitres de lait.

Der Satzbau

1. a. Ses parents sont-ils au courant de ce qui s'est passé?; b. Aurait-on pu prévoir une telle catastrophe?; c. Bernard et Colette seront-ils de la fête?; d. Penses-tu avoir la force de tenir jusqu'au bout?; e. N'es-tu pas heureuse d'être grand-mère?; f. Lui a-t-elle dit où elle allait?; g. Le patron se montrera-t-il compréhensif?

2. a. Comment est-ce que vous avez appris la bonne nouvelle?; b. Est-ce que votre emploi du temps est extrêmement chargé?; c. Pourquoi est-ce qu'il faut faire autant de démarches administratives pour pouvoir créer une petite association?; d. Qu'est-ce que je dois dire à ta mère pour essayer de la convaincre?; e. Est-ce que tu es absolument certain de ce que tu avances?; f. Où est-ce que vous comptez passer la nuit?; g. Est-ce qu'il est obligatoire de porter un bonnet de bain dans cette piscine?; h. Qui est-ce qui a fumé dans cette pièce?

3. a. Sans doute as-tu eu raison de rebrousser chemin avant d'être complètement perdu; b. Nous nous imaginions déjà riches, mais encore fallait-il le trouver, ce fabuleux trésor!; c. „Il n'a absolument jamais été question que nous partagions la même tente!" répliqua-t-elle aussitôt; d. Était-elle belle à l'époque... Tous les garçons étaient fous d'elle.

4. a. C'est toi qui as insisté pour aller voir ce film; b. C'est la tante Gilberte que nous avons oublié d'inviter!; c. C'est à l'accueil que vous devez vous adresser; d. C'est le menu à 28 euros que tu as choisi?; e. C'est à Venise que je souhaite passer mes prochaines vacances; f. Ce n'est pas comme ça que tu y arriveras!; g. C'est de joie qu'il pleurait; h. C'est à vous que revient tout le mérite.

5. a. Notre mère nous dit que nous aurions pu la prévenir; b. Benoît demande à Nathalie s'il peut avoir confiance en elle; c. L'inspecteur demande aux témoins pourquoi ils n'ont pas parlé plus tôt de ce détail important; d. J'ai répondu que je n'étais pas au courant de cette histoire; e. Il déclare qu'il ne mérite pas ces applaudissements parce qu'il a triché; f. Je dis au petit garçon que ses parents ne devraient plus tarder; g. Fabrice demande à Patricia si elle veut bien se calmer et l'écouter un instant; h. Le professeur avoue à son ancien élève qu'il ne l'aurait jamais reconnu.

6. a. sera; b. étais; c. serions venus; d. serais; e. faut; f. aurait tourné; g. n'arrêtez pas; h. se serait passé.